SCHLÖSSER PREUSSEN KOLONIAL

ORTE, BIOGRAFIEN UND SAMMLUNGEN

Herausgegeben von der
Generaldirektion der Stiftung Preußische Schlösser
und Gärten Berlin-Brandenburg

SANDSTEIN

Schlösser. Preußen. Kolonial.

Die Stiftung Preußische Schlösser und Gärten Berlin-Brandenburg betreut ein international bedeutendes, reiches und widersprüchliches Erbe, dessen künstlerische Bedeutung bewundert wird, das historisch-politisch aber immer wieder Debatten über die Rolle Preußens und seines Herrscherhauses auslöst. Unsere Aufgabe ist es, dieses Erbe für unsere und zukünftige Generationen zu bewahren und aus aktueller Perspektive zu befragen.

Denn Debatten der Gegenwart stellen immer auch unser Geschichtsbild infrage. Neue Anliegen und Themen fordern von uns auch den Blick zurück. Woher sind wir dahin gekommen, wo wir jetzt sind? Wie schätzen wir die Geschichte aus der heutigen Situation ein? Welches historische Wissen fehlt uns, um das Heute zu verstehen?

Deutschland debattiert zurzeit intensiv seine Rolle in Europa und der Welt sowie welche Verantwortung Gesellschaft und Staat in der internationalen Gemeinschaft übernehmen wollen. Die wichtige Frage nach der kolonialen Vergangenheit und einer rassistischen Gegenwart ist in Deutschland lange kaum gestellt worden. Wir verdanken es der Zivilgesellschaft und einem von ihr angestoßenen neuen politischen Diskurs, dass dieses Thema nun endlich auf der Tagesordnung steht. Der deutsche Kolonialismus beruhte auf brutalen Praktiken, hat zu Versklavung und Völkermord geführt – und fordert im Weiterleben des Rassismus bis heute Opfer.

Unsere Stiftung nimmt die Herausforderung an und will als kulturelle Organisation eine produktive Rolle in dieser aktuellen gesellschaftlichen Debatte spielen. Beginnt erst einmal das Suchen und das Fragen, dann sind die Spuren des Kolonialismus am preußischen Hof und in den von uns betreuten ehemaligen kurfürstlichen und königlichen Schlössern unübersehbar. Diese festzustellen, Zugang zu den Sammlungen zu schaffen und die Besuchenden zu informieren, ist der Anfang. Ein erstes Ziel ist 2023 mit der Ausstellung *Schlösser. Preußen. Kolonial.* erreicht, in der wir den Stand unserer Fragen und unseres Wissens zur Diskussion stellen. Und schon diesen ersten Schritt wollten wir nicht allein gehen, denn der weiße Blick hat lange zu Blindheit gegenüber dem Thema geführt. Er muss heute unbedingt durch einen kritischen Austausch mit denjenigen, die bisher nicht zu Wort kamen, und ebenso mit einem geschärften Blick von außen ergänzt werden. Wir möchten dabei behutsam vorgehen, um keine Fehler zu wiederholen. Vieles bleibt zu erforschen und zu verstehen. Und vieles bleibt auszuhandeln: Die unterschiedlichsten Einschätzungen und Erfahrungen treffen hier aufeinander. Wie das ganze Land hat auch die Stiftung noch den Großteil des Weges vor sich. Wir wissen noch zu wenig, vor allem aber müssen wir als Einrichtung Konsequenzen ziehen. Unsere Aktivitäten in Bildung und Teilhabe müssen den Themen Kolonialismus und Rassismus eine größere Bedeutung geben – und die Organisation selbst muss sich kritisch mit ihren eigenen Strukturen und Denkweisen auseinandersetzen. Das erfordert Anstrengung – doch das Ziel einer gerechteren Gesellschaft und einer faireren Darstellung der Geschichte ist es wert.

Diese Publikation lädt Sie dazu ein, sich gemeinsam auf den Weg zu begeben: zu vernachlässigten und verschwiegenen Kapiteln der preußischen Geschichte, zu bisher unbekannten Biografien und zu der Kunst und ihren Botschaften im Dienst der Herrschaft. Dabei werden Sie die preußischen Schlösser und Gärten neu kennenlernen. Herzlich willkommen!

| CHRISTOPH MARTIN VOGTHERR

Brandenburg-Preußen hat eine lange zurückreichende koloniale
Vergangenheit. Die Schlösser und Gärten waren immer wieder
Schauplätze kolonialer Handlungen und Denkweisen. Die Hofgesell-
schaft war dabei zum Teil direkt, zum Teil indirekt in dieses System
eingebunden. Noch bis ins 19. Jahrhundert arbeiteten verschleppte
Menschen am preußischen Hof. An zahlreichen Kunstwerken in den
Schlössern können koloniale Kontexte abgelesen werden.

So selbstverständlich diese Aussagen für viele klingen, so
wenig bekannt sind im Einzelnen die Hintergründe, Geschichten und
Biografien. Bisher wurden die Schlösser und die Sammlungen in erster
Linie mit einem europäischen Blick auf ihre architektur- und kunsthistorischen Besonderheiten betrachtet und den Besuchenden präsentiert. Im Angesicht einer pluralistischen Gesellschaft, sozialem
Wandel, kultureller und gesellschaftlicher Globalisierung sowie einer
beginnenden Auseinandersetzung mit der deutschen und preußischen
Kolonialgeschichte ist es wichtig und notwendig, diese Erzählweise
zu erweitern und bisher übersehene oder vernachlässigte Perspektiven
hinzuzufügen. Jedes der 24 vorgestellten Objekte, Werkkonvolute
oder Gebäude wird zunächst auf klassische Weise kunsthistorisch
beleuchtet. Ein weiterer Text zu demselben Objekt behandelt dann
die Lücken in der Geschichte, oder erzählt eine Parallelgeschichte,
die sich auf Aspekte der Kolonialgeschichte, Probleme bestehender
Narrative oder auf ausgeklammerte Informationen etablierter Kontexte konzentriert. So ist unter anderem nachzulesen, dass die auf der
Pfaueninsel hergestellten farbigen Glasperlen im Versklavungshandel
in Westafrika als Zahlungsmittel eingesetzt wurden, auf welchen
Wegen die Biografien von Schwarzen Bediensteten am Hof teilweise
rekonstruiert werden können und wie vermeintlich chinesische Motive
in der angewandten Kunst meist europäische Vorstellungen von
China wiedergeben. Mit dieser Sichtweise steht das Handbuch erst
am Anfang des Prozesses einer kritischen Aufarbeitung der kolonialen
Kontexte in den Schlössern und Gärten. Der notwendige externe
Blick wird hier zunächst nur auf zwei besonders kritisch diskutierte
Objekte geworfen: die Büsten des Ersten Rondells im Park Sanssouci
(Kapitel 5) und die sogenannte Spitze des Kilimandscharo im Neuen
Palais (Kapitel 24).

Immer wieder stößt man auf das Problem der ungleich geführten historischen Quellen. Es sind in den Schlössern kaum Quellen überliefert, die nicht aus der Perspektive der Mächtigen geschrieben wurden. Die vorhandenen historischen Zeugnisse hinterlassen Lücken, da sie nur die Hälfte der Geschichte zeigen. Nicht immer können diese gefüllt werden, denn es fehlt oft schlicht an Informationen. Diese Publikation leistet einen Beitrag dazu, ein Bild der Fülle und der Vielfalt von Perspektiven und Narrativen aufzuzeigen, die Erkenntnisse erweitern und weitere Forschungen anstoßen wollen. Die Texte liefern kein vollständiges Bild, sondern sie verstehen sich als eine erste Annäherung.

Mit diesem Handbuch können alle an kolonialen Kontexten Interessierten gezielt Schlösser, Parks und Sammlungen in und um Berlin und Potsdam aufsuchen, um mehr über bisher nicht erzählte Geschichten der Kunstwerke, Objekte oder Räumlichkeiten zu erfahren. Es lädt aber auch alle anderen Besuchenden ein, ihren Rundgang um den kolonialen Fokus zu erweitern.

Zur Terminologie

Die Autor:innen der Beiträge bemühen sich, mit der Sprache sensibel umzugehen. Wir möchten nicht, dass die Texte Begriffe enthalten, die für manche verletzend und diskriminierend wirken. Wir haben uns daher entschieden, M_ nicht auszuschreiben und die historische Bezeichnung *Kammertürke* in kursiv zu setzen. Auch der Begriff »exotisch« wird in dieser Publikation kritisch verwendet, da er dazu beiträgt, Beschreibungen außereuropäischer Menschen, Pflanzen und Objekte zu verklären und implizit positive rassistische Vorurteile anwendet. Schwarz wird in dieser Publikation großgeschrieben, da nicht eine biologische Eigenschaft gemeint ist, sondern die soziopolitische Zugehörigkeit. Wie bei dem Begriff People of Colour (PoC) handelt sich um eine Selbstbezeichnung.

| CAROLIN ALFF   SUSANNE EVERS   HATEM HEGAB

Die preußischen Schlösser und Gärten sind Orte, die Macht, Schönheit und manchmal auch eine verklärte Sehnsucht nach fernen Ländern repräsentieren. Sie wurden über Generationen durch die regierenden Monarchen ausgestaltet. Gern wird bis heute das malerische Idyll der Potsdamer und Berliner Schlösserlandschaft beschrieben. Dabei werden vielfach das eurozentrische Weltbild und der globale Herrschaftsanspruch übersehen, die ihren Ausdruck in den Dekorationen und Kunstwerken fanden.

Wie soll man sich diesen Orten nähern? Welche Geschichten erzählen sie uns und welche Geschichten müssen ergänzt werden, um ihre globalhistorische Bedeutung zu verstehen? Welche Präsentationen der Objekte und Werke sind dafür möglich oder sogar notwendig? Historische Zusammenhänge erfordern eine differenzierte Behandlung, da die Bedeutung von Orten nicht in Stein gemeißelt ist. Nur die ganze Bandbreite der Geschichten kann diesen Orten und ihrer Bedeutung gerecht werden.

ORTE

9 – 12

REITERSTANDBILD DES KURFÜRSTEN FRIEDRICH WILHELM

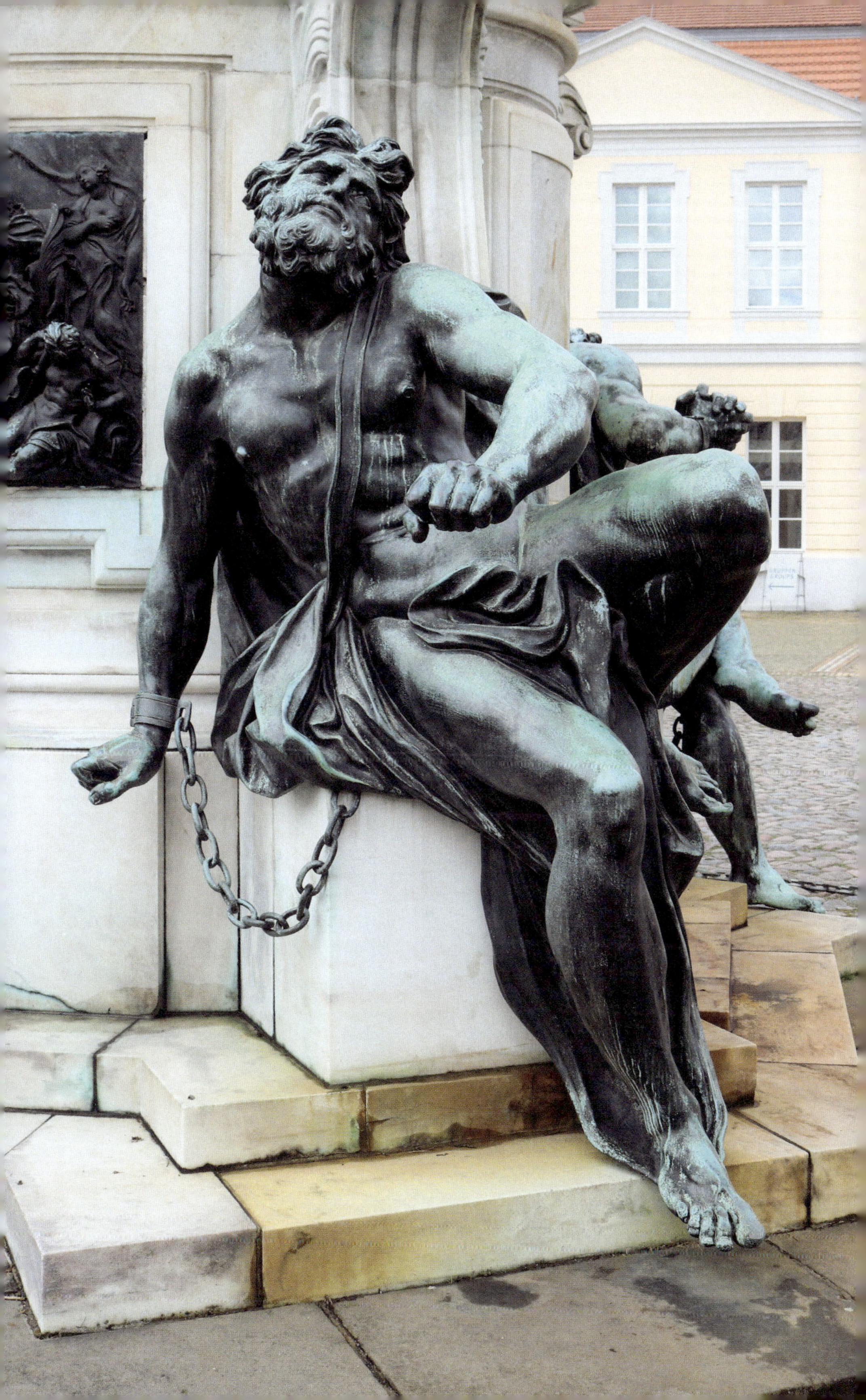

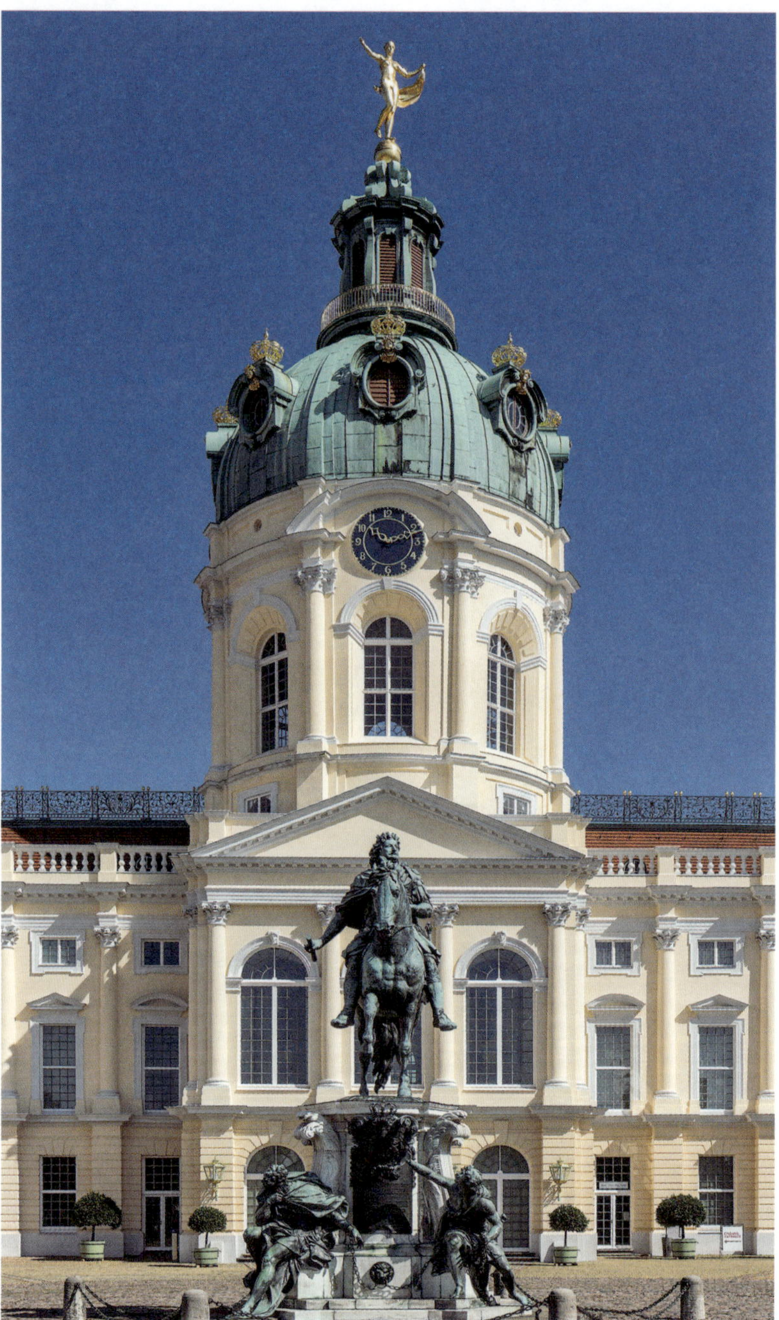

Abb. 2   Reiterstandbild des Kurfürsten
Friedrich Wilhelm mit vier in Ketten gelegten Figuren
verschiedene Bearbeiter, 1703 – 1709
Bronze, SPSG, Schloss Charlottenburg
Skulpt.slg. 5247

Machtanspruch in Bronze

Das Denkmal, beauftragt von Friedrich III. (später König Friedrich I.), zeigt den Kurfürsten Friedrich Wilhelm auf einem Pferd reitend, den Blick in die Ferne gerichtet. Ihm zu Füßen sitzen vier in Ketten gelegte Menschen, die vermutlich seine Feinde, Schweden, Polen, Frankreich und das Osmanische Reich, symbolisieren.[1] Das 1703 fertiggestellte und auf der Langen Brücke vor dem Berliner Schloss positionierte Reiterstandbild wurde 1708/09 um die vier Sockelfiguren ergänzt. Die politische Bedeutung der Figuren wird bis heute diskutiert.[2]

Ikonografisch eindeutiger sind die französischen Vorbilder dieser Statuen von versklavten oder gefangenen Männern: So war der Sockel des während der Revolution zerstörten Monuments von König Henri IV. auf der Pont Neuf (Neue Brücke) in Paris von vier Figuren gesäumt, die versklavte Männer zeigten. Bei einer handelte es sich um einen Afrikaner.[3] Die Skulpturen der Sklaven am Sockel des 1792 zerstörten Denkmals von Louis XIV., das auf der Place de la Victoire in Paris stand, ähneln in der Art ihrer Gestaltung den jedoch allgemeiner gehaltenen Figuren am Reiterstandbild des Kurfürsten.[4]

Sowohl in Paris als auch in Berlin wurde die Aufstellung der Statuen mit dem begleitenden zeremoniellen Programm kritisiert und erhielt polemische Repliken. Im Fokus dieser standen die der Götzenverehrung gleichkommende Herrscherehrung und die vermeintliche Unterwerfung der Feinde, versinnbildlicht durch die versklavten Menschen.[5] In Frankreich wurden die Herrscherdenkmäler während der Französischen Revolution gestürzt und die Figuren der Versklavten separat bewahrt, weil der damit ausgedrückte Machtanspruch während der Revolution auf Ablehnung stieß.

Koloniale Bestrebungen waren vom Machtanspruch des Kurfürsten und seines Nachfolgers nicht ausgenommen. Auf der lateinischen Inschrift am Sockel des Berliner Reiterdenkmals, die von dem für das ikonografische Programm zuständigen Gelehrten Johann Georg Wachter verfasst wurde, ist der Monarch als »Held« beschrieben, der für die »Liebe des Erdkreises« stand und als »Schrecken der Feinde« galt.[6] Die imperialen Ambitionen des Monarchen umfassten um 1700 auch die Westküste Afrikas und Gebiete darüber hinaus. Ende des 19. Jahrhunderts wurde die Bedeutung dieses Strebens prominent aufgegriffen. So soll Kaiser Wilhelm I. nach dem Erwerb von Kolonien ehrfürchtig gesagt haben, dass er nun mit gutem Gewissen vor das Reiterstandbild treten könne, da er das koloniale Vorhaben des Kurfürsten »aufgenommen und weiter ausgebildet« habe.[7]

| CAROLIN ALFF

Denkmäler und die ihnen zugeschriebene Bedeutung

Unter der Herrschaft von Kurfürst Friedrich Wilhelm errichtete Brandenburg an der im heutigen Ghana gelegenen Goldküste Fort Großfriedrichsburg. Nach der Gründung der Brandenburgisch-Afrikanischen Compagnie (BAC) im Jahr 1682 bot die Festung Preußen die Möglichkeit, Gold, Elfenbein und insbesondere Sklav:innen auszuführen. Das Reiterstandbild des Großen Kurfürsten vor Schloss Charlottenburg erinnert an einen Teil der preußischen Kolonialgeschichte.

Ausführung: Andreas Schlüter (Bildhauer), Johann Jacobi (Gießer),
Gottlieb Herfert (Bildhauer), Johann Samuel Nahl (Bildhauer),
Cornelius Heintzy (Bildhauer), Johann Hermann Backer (Bildhauer)
1703–1709, Bronze
Provenienz: Reiterstandbild 1703 auf der Langen Brücke aufgestellt;
Einweihung am Geburtstag von König Friedrich I.;
1708/09 Figuren, die Seitenreliefs und die Inschriftentafel am Sockel ergänzt;
1943 kriegsbedingte Auslagerung nach Ketzin; 1947/48 im Tegeler See versunken;
1951 im Ehrenhof von Schloss Charlottenburg aufgestellt;
1952 wurde der Sockel ergänzt.

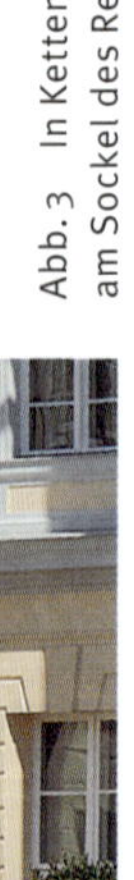

Abb. 3   In Ketten gelegte Figuren am Sockel des Reiterstandbilds

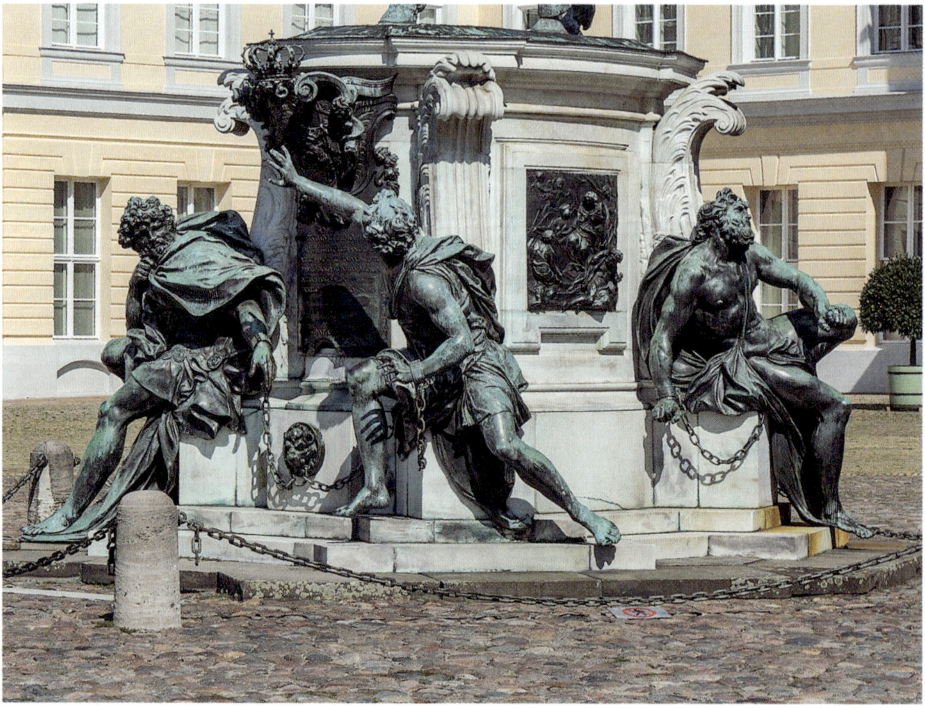

Im 17. Jahrhundert wurden zwischen 17 000 und 30 000 Afrikaner:innen von der BAC verschleppt und versklavt. Nach dem Tod Friedrichs I. 1713 ging die Festung schließlich an niederländische Kolonisten über. Freilich hatte sich Brandenburg durch seine auf Kosten Tausender Afrikaner:innen unternommenen Kolonialbestrebungen zu diesem Zeitpunkt bereits Prestige und finanzielle Gewinne gesichert.

Die Motive des Reiterstandbilds, das an den Großen Kurfürsten erinnert, verklären Preußens Macht und Oberhoheit über seine Staatsfeinde. Nur ein Teil dieser Erzählung jedoch wird hier sichtbar; die BAC und ihre Rolle im Sklavenhandel bleiben unerwähnt. Welche Funktion erfüllt das Standbild aber dann als Mahnmal? Welche Narrative vermittelt es; welche werden aus der Geschichte ausgeklammert?

Theodor Michael stellt seinem Buch *Deutsch sein und Schwarz dazu* gleichsam als Motto ein fiktives Zitat voran: »Der eine: ›Ja, genau so ist es gewesen.‹ Der andere: ›Aber genau so war es nicht.‹«[8] Der Autor möchte uns darauf aufmerksam machen, dass uns Geschichte präsentiert wird, als sei sie »genau so« geschehen, wie sie erzählt wird. Das Narrativ der Vergangenheit aber ist niemals abgeschlossen; viele Dinge sind nie erzählt worden.

Das Narrativ des Reiterstandbilds lässt sich zu einer umfassenderen Erzählung der Kolonialgeschichte erweitern. Seit 2020, andernorts auch früher, werden Mahnmäler für Kolonialgeschichte und rassistische Figuren immer häufiger infrage gestellt. In Deutschland löste die (geplante) Umbenennung von Straßennamen in Berlins Afrikanischem Viertel und der M_straße in Berlin-Mitte heftige Diskussionen aus. Anders als die Umbenennung von Straßen würde eine Umwidmung des Standbilds aber nicht den Zweck erfüllen, historische Narrative zu korrigieren.

Ein Denkmal gibt schließlich nicht die Geschichte selbst wieder. Vielmehr stehen Denkmäler für ein Narrativ der Vergangenheit, das Einzelne ihnen zugeschrieben haben.[9] Das Reiterstandbild etwa erzählt ausschließlich den Teil der preußischen Geschichte, der in ihm Gestalt angenommen hat. Die bislang bekannte historische Erzählung aber ist unvollständig. Historiker:innen, Künstler:innen und Restaurator:innen haben die Aufgabe, diese Erzählung zu berichtigen. Eingriffe in Denkmäler – sei es in Form von Ergänzungen, Veränderungen oder auch ihrer Beseitigung – könnten den Weg in die Zukunft weisen. Vor diesem Hintergrund könnte man das historische Narrativ des Reiterstandbilds so umschreiben, dass nicht nur die Perspektive der Mächtigen in ihm zum Ausdruck kommt.

| HATEM HEGAB

| 1 Vgl. Frank 2001. – Ziegler 2010. | 2 Frank 2001, S. 351, Anm. 31. | 3 Vgl. Frank 2001, S. 342. – McGrath 2012. | 4 Vgl. Ziegler 2010, S. 132. | 5 Vgl. Frank 2001. | 6 Inschrift zitiert in Frank 2001, S. 344, nach Ladendorf 1961. | 7 Schmidt 1893, S. 450. | 8 Michael 2013, S. 8. | 9 Siehe Catterall 2020.

DECKENBILD DES CHARLOTTENBURGER PORZELLANKABINETTS

Detail aus Abb. 1

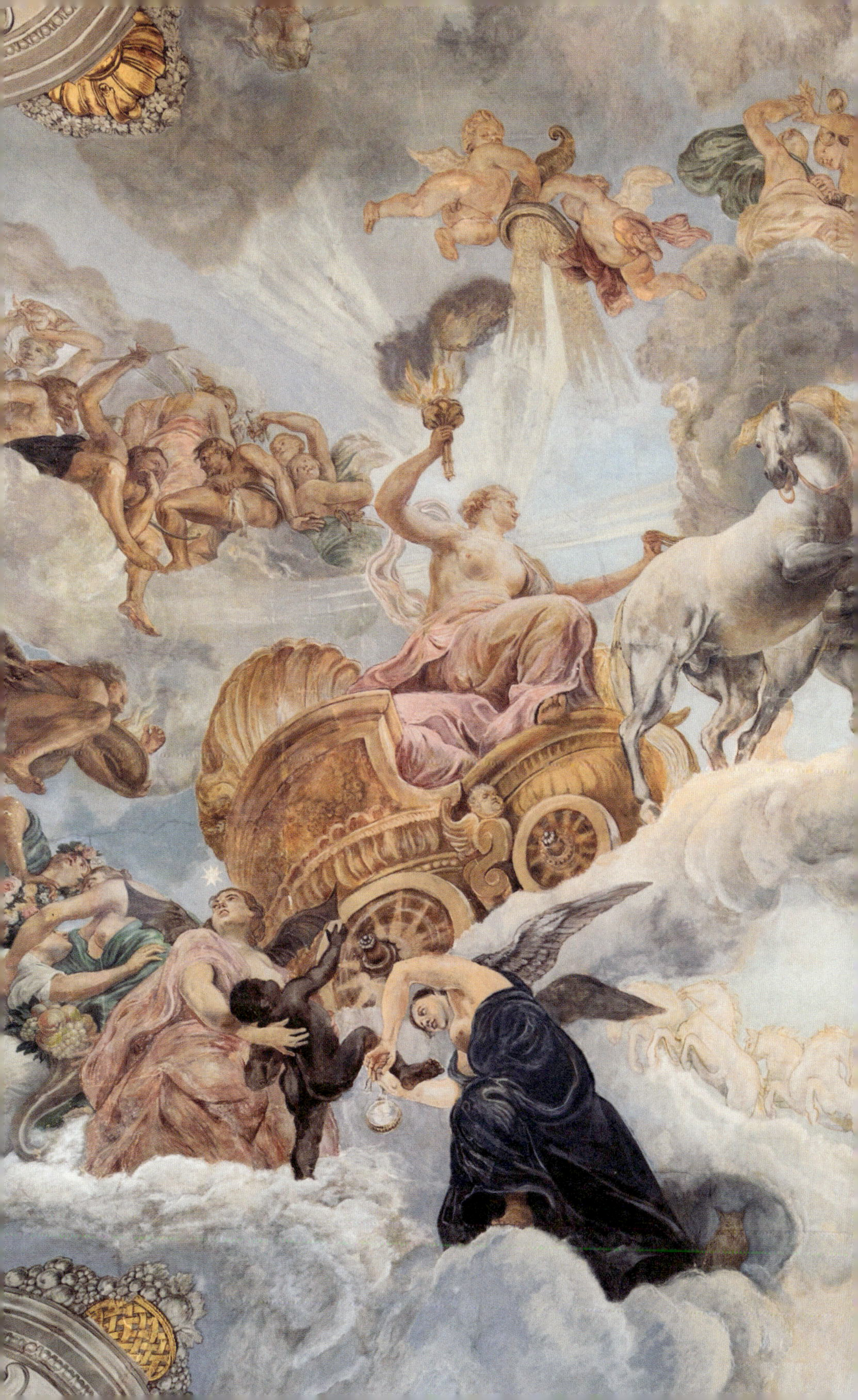

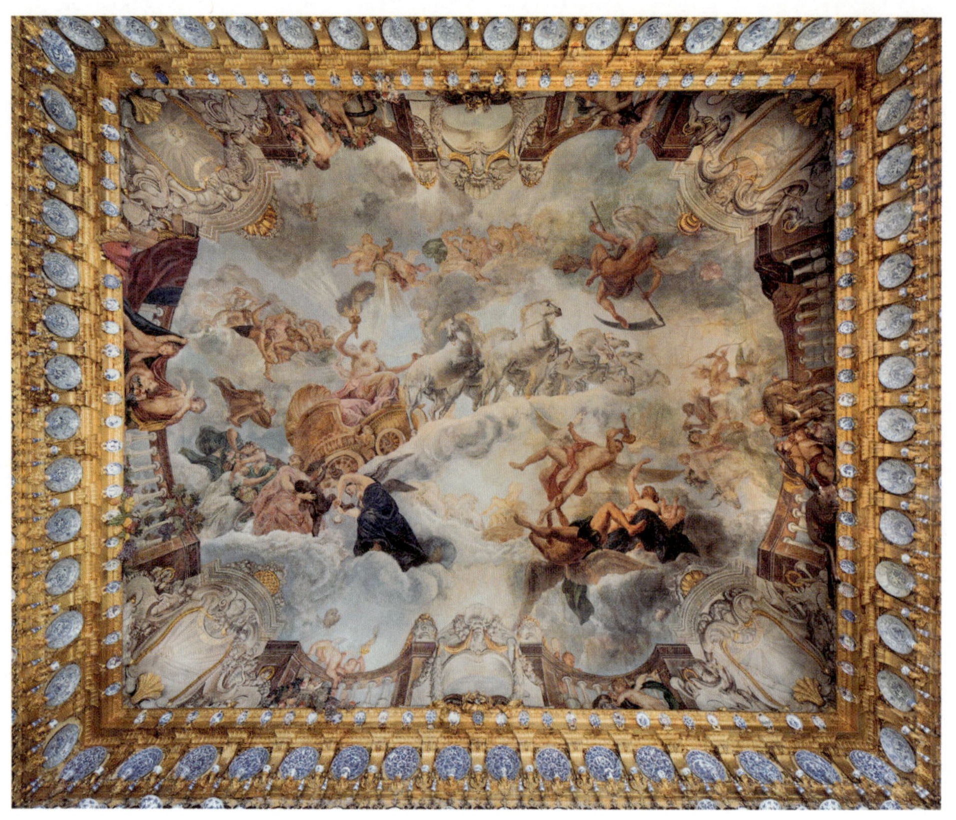

Der Anbruch des Tages als Anbruch eines neuen Zeitalters

Das Deckengemälde des Charlottenburger Porzellankabinetts erregte mit seinem Figurenreichtum früh Bewunderung. Man lobte seinen Schöpfer Anthonie Coxcie dafür, dass er es »mit vielen Allegorien verzieret (um keinen leeren Raum zu lassen, wie heutiges Tages die Herren Mahler zu thun pflegen, um bald fertig zu werden), sondern [...] kein Plätzchen gelassen, wo das Auge nicht was Sinnreiches entdecket [...].«[1] Dieser ikonografische *horror vacui* (Scheu vor der Leere) erschwert die Entschlüsselung der Darstellung allerdings bis heute. Die folgenden Überlegungen verstehen sich daher als Ergänzung zu den bereits vorliegenden Deutungen.[2] Coxcies Hauptdarstellerin ist

Abb. 1 Anthonie Coxcie
Triumph der Aurora
Deckenbild des Porzellankabinetts, 1706
SPSG, Schloss Charlottenburg
Das Bild wurde durch Bombardierung und Wasserschaden
1943 und 1959 beschädigt und 1977 übermalt.

Aurora, die mythologische Göttin des anbrechenden Tages. Mit einer Fackel verbreitet sie noch vor dem Heraufziehen des ihr folgenden Sonnenwagens das erste Licht des Tages. Zurück bleiben die Abenddämmerung, die durch Fledermausflügel und Abendstern kenntlich gemacht wird, und die Personifikation der Nacht mit einer Eule. Zu den zahlreichen Kindern der Nacht zählt die Dunkelheit, die als afrikanischer Knabe dargestellt wird.[3] Dieser versucht, in die Speichen von Auroras Wagen zu greifen, um dessen Fahrt zu verlangsamen. Mit einer Taschenuhr, die dem Knaben wie eine Fußfessel angelegt wird, versucht seine Mutter, diesen Eingriff in den Zeitenlauf zu verhindern. Außerdem soll die Uhr das Kind vermutlich daran erinnern, dass die Dunkelheit nur bestimmte Stunden für sich beanspruchen kann.

In der zeitgenössischen Panegyrik tritt uns Aurora mehrfach als Sinnbild für Preußens glorreiche Zukunft entgegen, die mit dem Aufstieg zur Königswürde im Jahr 1701 angebrochen zu sein schien. So wurde die Fassade der Berliner Akademie 1701 mit einer Aurora geschmückt, die »den Anfang des gegenwärtigen neuen SECULI vorstellen sollte [...] unweit davon versteckte der SATURN sein abgewandtes Angesicht [...] womit die verwichene Zeit angedeutet ward.«[4] Auch Coxcies weißbärtiger Saturn scheint die alte Zeit zu verkörpern. Von der neuen Zeit hingegen versprach man sich Wohlstand (verbildlicht durch ein Füllhorn voller Goldmünzen) und die Verbreitung aufgeklärten Denkens und Handelns. Seit dem Ende des 17. Jahrhunderts sprach man nicht nur in Preußen davon, dass die finsteren Jahrhunderte endgültig überwunden seien und man am Anfang einer Epoche stehe, in der sich das Licht der Vernunft Tag für Tag mehr durchsetzen würde. Bei Coxcie vertreibt der Tag als Lichtbringer mit Fackel und Lichtbündel Erebos, den Gott der Finsternis, und die Nacht mit ihren Kindern Schlaf und Tod. Nun ist der Weg frei für Aurora und das neue Zeitalter, auf das die ganze Welt (verkörpert durch die Erdteile) zu warten scheint.

| MICHAELA VÖLKEL

Schwarze Haut als Sinnbild für Dunkelheit

Aurora, die Göttin der Morgendämmerung, entflieht auf ihrem Sonnenwagen nur knapp der Nacht. Das Schwarze Kind greift vergebens nach
den Rädern des Wagens. Als Sinnbild für die Dunkelheit ist das Kind
mit dunklem Inkarnat – »carnagione bruna« – an den Illustrationen und
Beschreibungen von Cesare Ripas *Iconologia* angelehnt.[5] Ripas ikonografi-
sches Verzeichnis, selbst auf zahlreichen Vorbildern aufbauend, fand
vor allem im 17. und 18. Jahrhundert große Verbreitung unter Künstlerin-
nen und Künstlern, die daraus Anregungen für ihre Werke entnahmen.

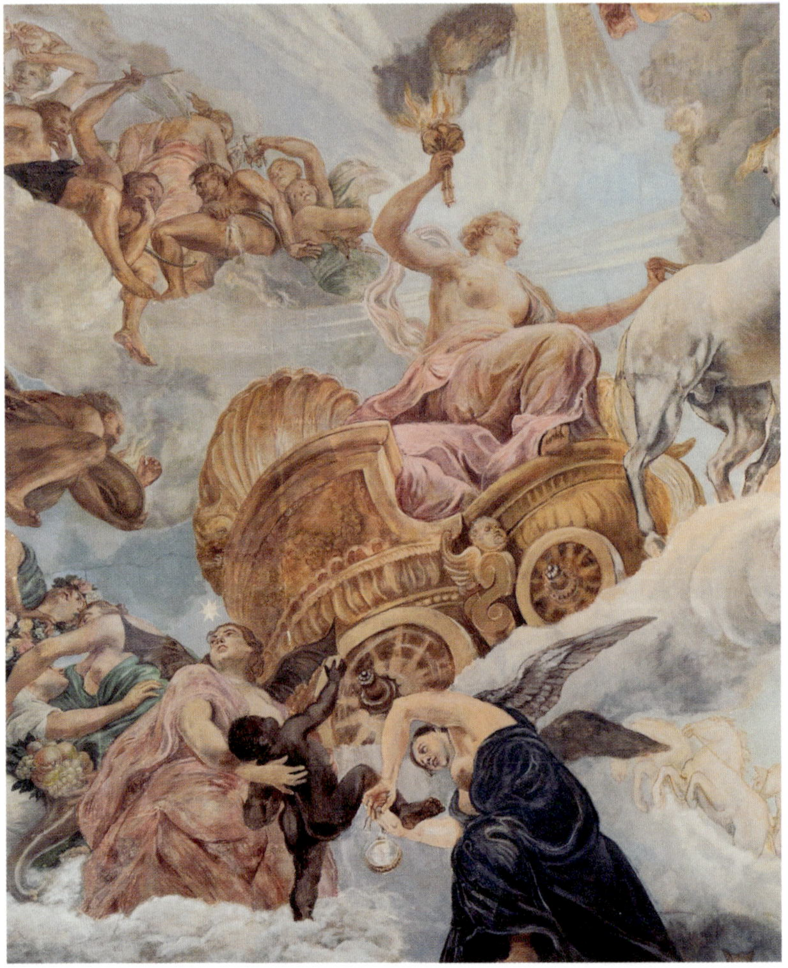

Detail aus Abb. 1 Deckenbild *Triumph der Aurora*

Die Dunkelheit manifestiert in der christlichen und antiken Tradition nicht nur die stets wiederkehrende Nacht, sondern zugleich eine von ihr ausgehende Gefahr. Schon in der Genesis wird die Dunkelheit dem Licht gegenübergestellt. Diese Polarität bleibt auch im Neuen Testament eine immer wiederkehrende Metapher, die Dunkelheit mit Gefahr, Unwissenheit und Verleumdung assoziiert. In Ovids *Metamorphosen* ist Schwarze Haut das Resultat einer nur in letzter Sekunde abgewendeten Katastrophe: Der übermütige Phaethon, Sohn des Sonnengotts Apollo, war auf dem Sonnenwagen der Erde zu nah gekommen. Er verbrannte damit die Haut der in Äthiopien lebenden Personen.[6] Die Darstellung von Menschen mit dunkler Hautfarbe manifestiert in der christlichen und antiken Tradition die Abweichung von der Norm und dem Glauben.

In Europa existierten bis ins 18. Jahrhundert hinein zahlreiche, teilweise als »wissenschaftlich« bezeichnete Begründungen für die Existenz dunkler Hautfarbe als vermeintliche Abweichung gegenüber heller Haut: So wurde auf die Nähe Afrikas zur Sonne hingewiesen, auf das dort vorherrschende Klima oder auf eine vorgegebene Position der Sterne, aber auch der Verzehr bestimmter Pflanzen oder die Beschaffenheit der zur Fortpflanzung nötigen »[menschlichen] Samen« wurden genannt.[7]

Die Rolle des Schwarzen Kindes im Deckengemälde ist der Auroras entgegengesetzt. Das Licht siegt über die Dunkelheit, womit eine goldene Zeit eingeläutet werden soll.[8] Die Dunkelheit wird in dieser Rolle als Gefahr und Abkehr vom Licht und vom Glauben behandelt. Im Deckengemälde von Coxcie ist die Darstellung des Schwarzen Jungen daher ein Zeichen für die damals bereits vorhandenen diskriminierenden Ansichten über Schwarze Menschen auf der Basis von Hautfarbe.

| CAROLIN ALFF

| 1 Oesterreich 1768, S. 5. | 2 Vgl. Wittwer 2004. – Suden 2013, S. 125–127. | 3 Vgl. Ripa 1603, S. 46. | 4 Besser 2009, S. 324. | 5 Ripa 1603, S. 97. | 6 Ovid 1998, S. 39 | 7 Vgl. Spicer 2013, S. 36 f. | 8 Vgl. Thimann 1999, S. 326 f.

CHINESISCHES HAUS IM PARK SANSSOUCI

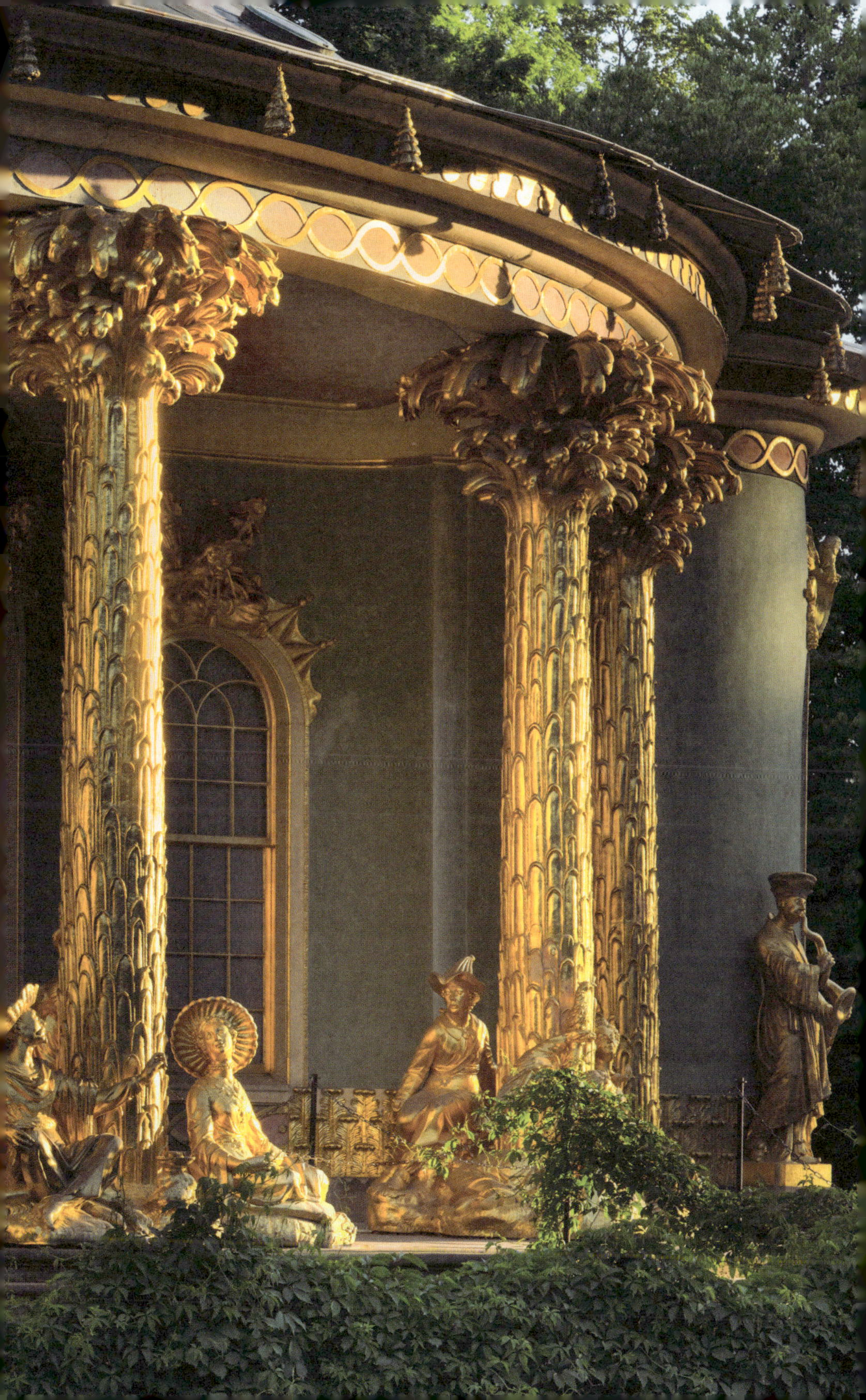

Ein Pavillon der preußischen Chinoiserie

Das Chinesische Haus im Park Sanssouci war ein Ort, um Gäste zu empfangen und ihnen eine Illusion vorzuführen. Der Pavillon wurde im Stil der preußischen Chinoiserie gebaut. Der Architekt Johann Gottfried Büring entwarf den Bau angeblich nach einer Skizze Friedrichs II.[1] Inspiriert wurde der kleeblattförmige Grundriss vom Pavillon *Trèfle* im Park Lunéville. 1752 hatte der preußische König Stiche dieses Pavillons erhalten.[2] William Halfpennys Werk *Rural Architecture in the Chinese Taste* von 1750 bis 1752 könnte ebenfalls eine Vorlage gewesen sein.[3] So findet man darin chinoise Tempel mit rundem Grundriss, geschuppten Säulen und Glöckchen am Gesims, die den Architekten des Potsdamer Pavillons inspiriert haben könnten.

Der Außenbereich ist mit vergoldeten Säulen in Palmenform gestaltet und mit musizierenden und Tee trinkenden Figuren bestückt. Die Bekleidung und Instrumente der Statuen, gefertigt von Johann Peter Benkert und Johann Gottlieb Heymüller, entsprechen dabei eher fantastischen Kostümen als authentischer chinesischer Kleidung.

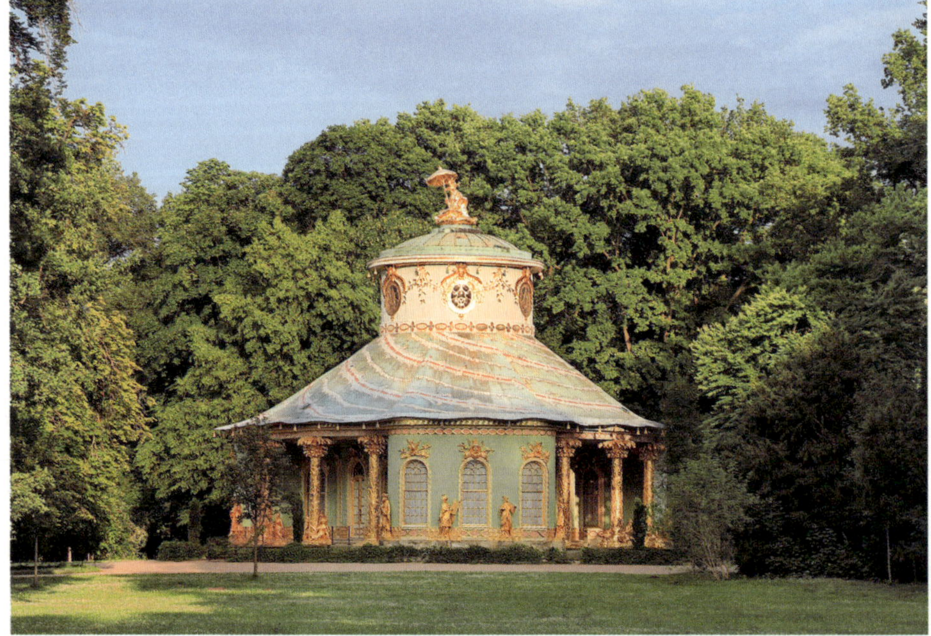

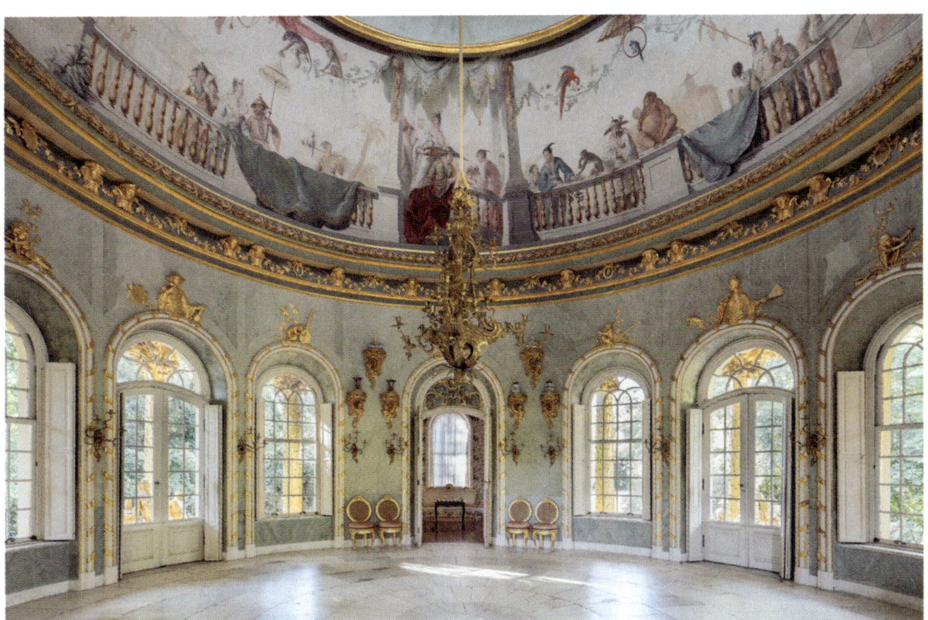

Abb. 3 Innenraum des Chinesischen Hauses

Die männliche Figur auf dem Dach wurde nach einem Entwurf von Benjamin Giese angefertigt. Er hält einen Caduceus, den Stab, den Merkur von Apollon zum Dank für die Erfindung der Flöte erhielt, welches sicher ein Verweis auf das Lieblingsinstrument Friedrichs II. sein soll.[4]

Die Bemalung im Innenraum wurde nach Entwurfszeichnungen des französischen Künstlers Blaise Nicolas Le Sueur angefertigt und von Thomas Huber 1756 ausgeführt.[5] Über dem Gesims wurde eine Balustrade gemalt, an der eine ausgelassene Gesellschaft in den Saal schaut. Die vermeintlich chinesische Kleidung sowie die sie umgebenden Papageien, Affen und Dekorationen sind von dem damaligen Geschmack des »Exotismus« geprägt.

Die Gestaltung des Pavillons steht im Spannungsfeld zwischen den Ansprüchen Friedrichs II. nach herrschaftlicher Repräsentation und Intimität.[6] Einen prägenden Einfluss auf das Chinabild des Königs und die Gestaltung des chinesischen Hauses hatte die Beziehung von Friedrich II. zu Voltaire. Der französische Schriftsteller kam 1750 aus Lunéville für drei Jahre an den preußischen Hof. Er beschäftigte sich in dieser Zeit mit der Geschichte und Kultur Chinas und verarbeitete dies in seiner *Weltgeschichte*. Voltaire beschreibt darin China als einen friedvollen Idealstaat mit einem zentralistischen Herrschaftssystem, auf das die Kirche keinen Einfluss hatte.[7]

| CONSTANTIJN JOHANNES LELIVELD

»Exotik« statt Authentizität

Schon 1789, einige Jahre nach Fertigstellung des Pavillons, äußerten sich Zeitgenossen kritisch über den Bau. Manger bedauerte, dass Büring die Bücher von William Chambers, welcher bei mehreren Aufenthalten in China die Architektur und Gartenkunst des Landes studierte, nicht zur Verfügung hatte.[8] Mit dem 1757 erschienenen Buch *Chinese Designs, Buildings, Furniture, Dresses and Utensils* kam ein Wunsch nach Authentizität auf.[9] In späteren chinoisen Bauten im Park ist dieser Einfluss nachweisbar: Die Chinesische Brücke, welche im Park Sanssouci geplant, aber nie ausgeführt wurde, beruht auf Zeichnungen, die bei Chambers selbst bestellt wurden.[10] 1770 entstand das Drachenhaus, dessen Entwurf Büring zugeschrieben wird und das Carl von Gontard ausführte. Dieser Bau bezieht sich eindeutig auf die Entwürfe Chambers'.[11] Halfpennys Werk *Rural Architecture in the Chinese Taste* hingegen, das vermutlich als Inspiration für den Pavillon diente, lieferte mit geschwungenem Dachgesims, Drachen und Glöckchen wenig Authentisches, dafür aber alle Elemente der chinoisen Architektur in Deutschland.[12]

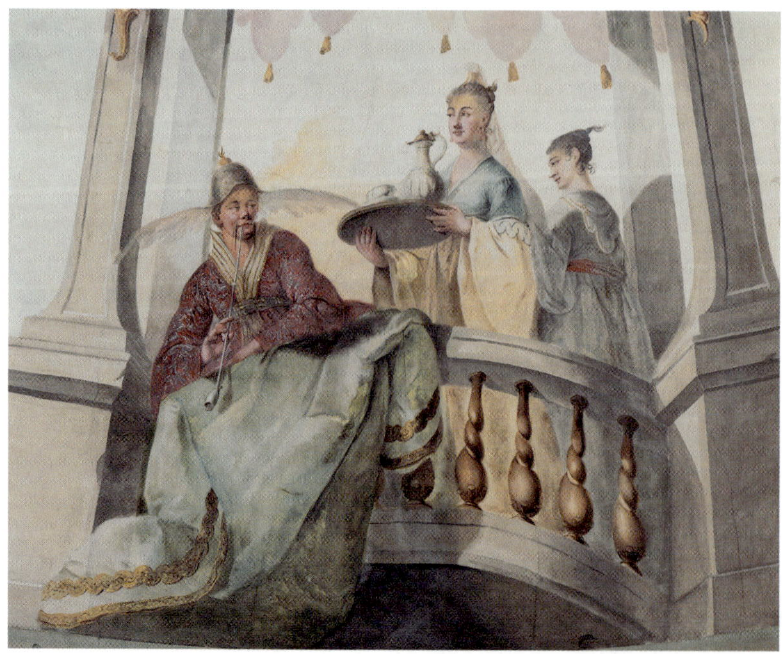

Abb. 4   Detail des Deckengemäldes im Chinesischen Haus

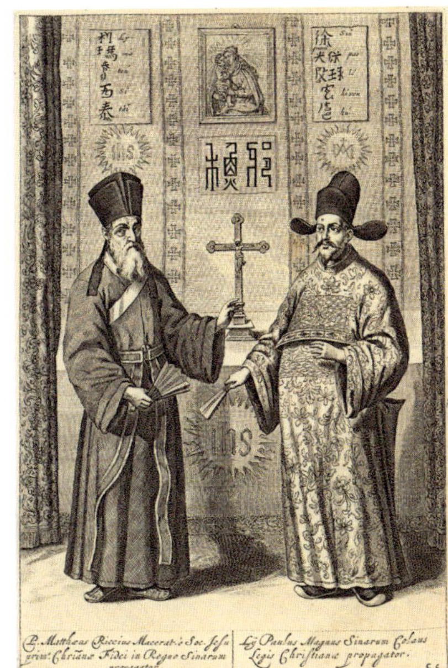

Abb. 5 Athanasius Kircher
Matteo Ricci and Paul Xu Guangqi
Kupferstich in: *China Illustrata*
(französische Ausgabe),
Amsterdam 1670, S. 201

Aus der Perspektive der ostasiatischen Kunstgeschichte erinnert der Potsdamer Pavillon wegen seiner Grundform an den Himmelsaltar (chin. 天壇) in Peking. Dieser wurde 1420 vom Yongle-Kaiser erbaut und diente den Kaisern als Ort für die Durchführung der Ernterituale. Es ist erstaunlich, wie wenig chinesische Elemente sich am Bau und dessen Ausgestaltung finden lassen, da chinesisches Exportporzellan, welches zahlreich von den Preußen gesammelt wurde, hervorragende Vorlagen für die Gestaltung der Figuren, Kostüme oder Instrumente geboten hätte. Eine mögliche Vorlage für die geflügelte Pickelhaube einer Figur auf dem Deckengemälde ist der chinesische Beamtenhut Futou (chin. 幞頭, Abb. 4). Dieser ist in der *China illustrata* des Jesuiten Athanasius Kircher von 1667 abgebildet und könnte die preußische Variante inspiriert haben (Abb. 5).

Das Gebäude zeigt, was den Monarchen an China interessierte. Es war ein »exotisches« Idyll, welches man zumeist mit dem Konsum feiner Exportwaren wie Tee oder Kaffee in Verbindung brachte. Denn hier zeigt sich nicht China, sondern die Idealvorstellung des Erbauers von China und seinen Schätzen.

| CONSTANTIJN JOHANNES LELIVELD

| 1 Vgl. Manger 1789, S. 238. | 2 Vgl. Wilhelm 2005, S. 206. | 3 Vgl. Tack 1993, S. 44. | 4 Vgl. Hüneke 1993, S. 60. | 5 Vgl. Komander 1993, S. 74. | 6 Vgl. Wilhelm 2005, 196f. | 7 Vgl. Song 2014, S. 20. | 8 Vgl. Manger 1789, S. 237f. | 9 Vgl. Tack 1993, S. 44. | 10 Vgl. Harksen 1993, S. 51. | 11 Vgl. Tack 1993, S. 45. | 12 Vgl. Tack 1993, S. 44.

LATERNENTRÄGER VOM EHEMALIGEN ORDENSPALAIS

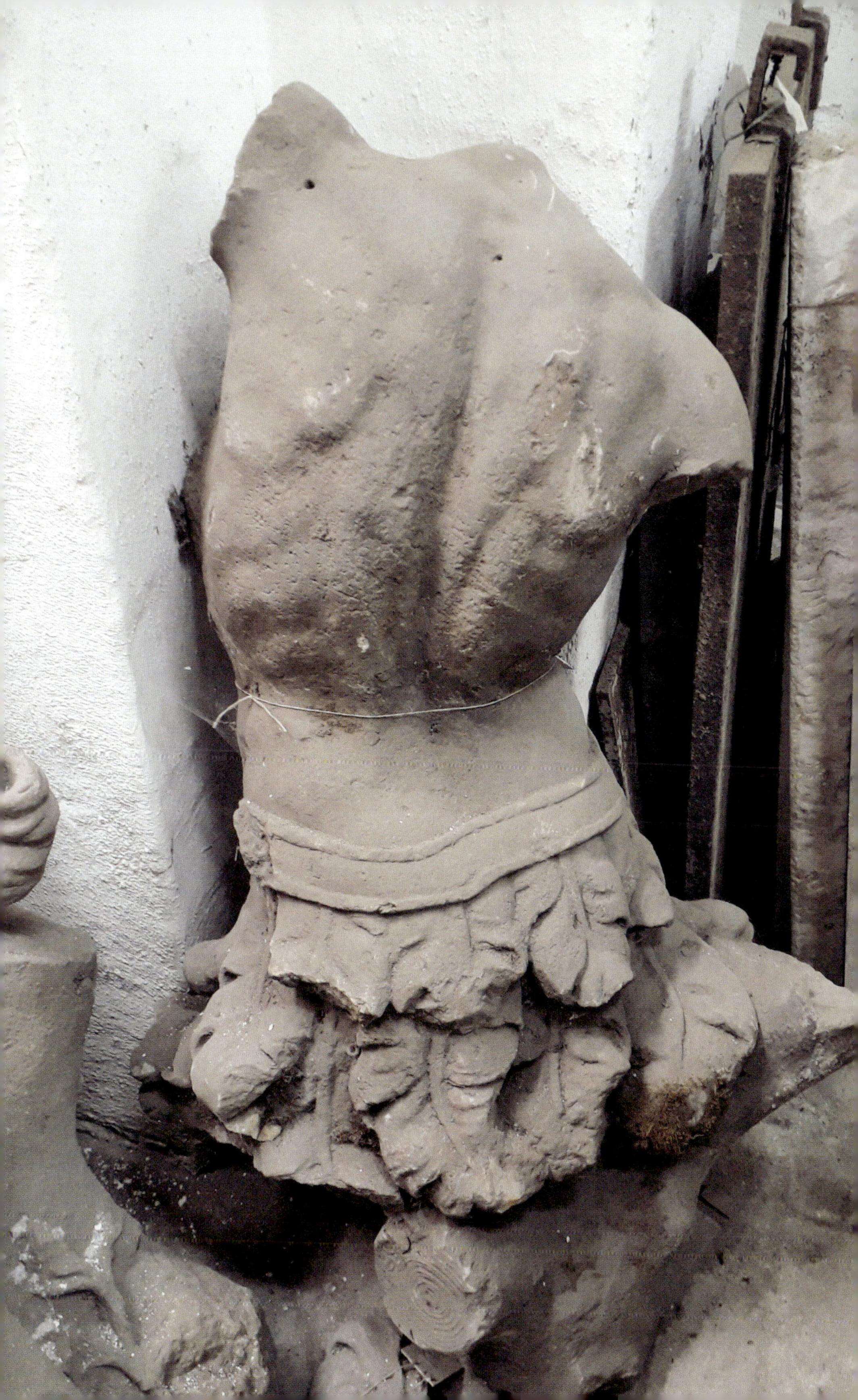

Wechselvolles Schicksal

Die beiden Statuen in Gestalt zweier afrikanischer Männer, die ursprünglich jeweils eine Laterne umfassten, schuf 1742 der Bildhauer und Gießer Benjamin Giese. Sie rahmten die mittleren Stufen einer mehrläufigen Treppe vor dem Ordenspalais am Berliner Wilhelmplatz. Dieses Haus, 1737 für Graf Karl Ludwig Truchseß von Waldburg begonnen, ließ nach dessen Tod Markgraf Carl Friedrich Albrecht von Brandenburg-Schwedt, Herrenmeister des Johanniterordens, fertigstellen. Es diente als Ordensresidenz und Wohnung für den Markgrafen. Besonders die Schauseite zum Wilhelmplatz war auffallend repräsentativ gestaltet, wozu auch die beiden lebensgroßen Laternenträger beitrugen.

Bis auf einen aus breiten Federn gebildeten Lendenschurz und den Turban sind die Männer nackt dargestellt. Vereinzelte Partien, wie die Federn sowie die Kopfbedeckung, weisen rote, blaue und weiße Pigmente auf, die Haut schwarze. Die beiden gebogenen Schäfte, in denen die eiförmigen Laternen steckten, waren wohl hell gefasst. Sie imitieren die Stoßzähne von Elefanten. Solche Darstellungen Schwarzer Menschen in dienender Funktion waren im höfischen

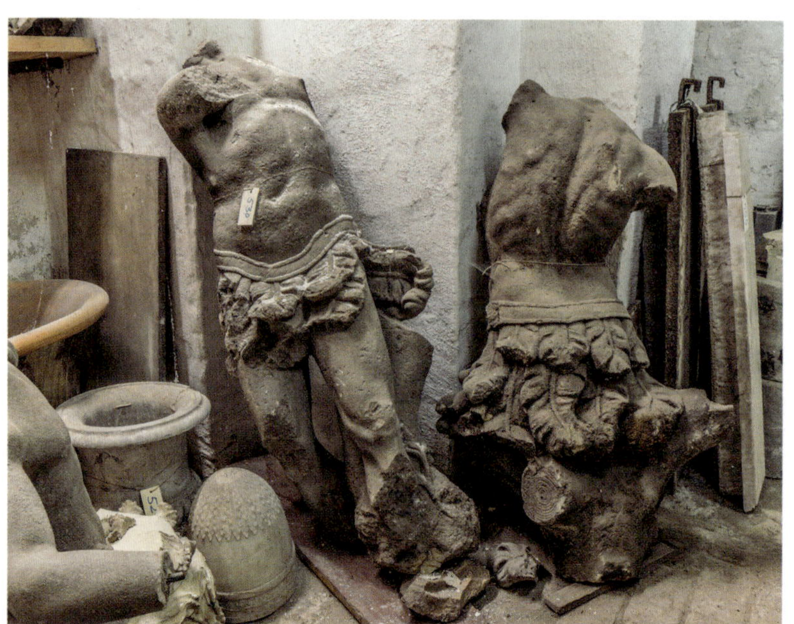

Abb. 1   Benjamin Giese
Zwei Laternenträger (Fragmente), 1742
Sandstein, ehemals farbig gefasst
SPSG, Skulpt. slg 5953 und 5954
Ehemals: Berlin, Ordenspalais (später Prinz-Carl-Palais),
Wilhelmplatz (zurzeit in der Restaurierung)

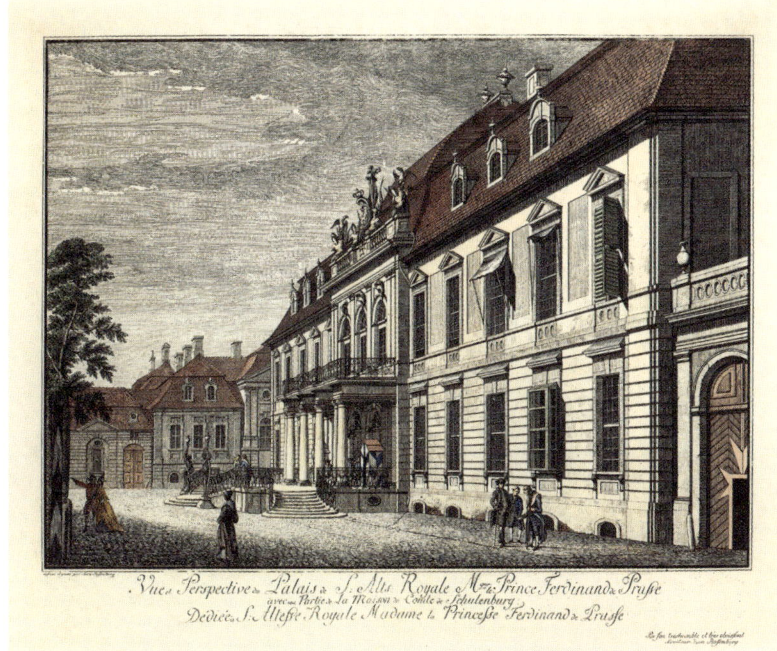

Abb. 2   Johann Georg Rosenberg
Blick auf das frühere Ordenspalais am
Wilhelmplatz in Berlin, um 1785

Kontext dieser Zeit häufig anzutreffen. Markgraf Carl ließ sich beispielsweise 1737 von Anna Rosina Lisiewska mit einem Schwarzen Jungen porträtieren.[1] In Berlin lebten bereits seit der Zeit von Kurfürst Friedrich Wilhelm aus Westafrika verschleppte Menschen. Sie arbeiteten am Hof als Militärmusiker, Hof- oder Kammerdiener. Die paarweise Darstellung der beiden Laternenträger erinnert aber auch an kunsthandwerkliche Gegenstände der Barockzeit, wie als Pendants gearbeitete Guéridons: von Schwarzen Menschen gehaltene Leuchtertischchen.[2]

Die beiden Skulpturen wurden bereits 1796 vom Ordenspalais in die Behrenstraße 66 (Palais Massow) versetzt. Mitte der 1870er-Jahre kehrten sie zurück zu dem vom Prinzen Carl von Preußen und seinen Nachfolgern bewohnten Palais, wo sie im Hof eines späteren Anbaus platziert waren. Vor 1945 dienten sie als Treppenbeleuchtung im Nordostwinkel des Wilhelmplatzes, wo zwischen 1936 und 1940 ein neuer Flügel für das Reichsministerium für Volksaufklärung und Propaganda errichtet worden war.[3] Kurz vor Ende des Zweiten Weltkriegs zerstörten Bomben das Palais und vermutlich auch die Skulpturen. Ihre Fragmente wurden vor 1978 in einem Gebäude im Park Glienicke eingelagert.

| SILKE KIESANT

White Gaze und Schwarze Körper – Gedanken zur Ausstellung von zerbrochenen Skulpturen

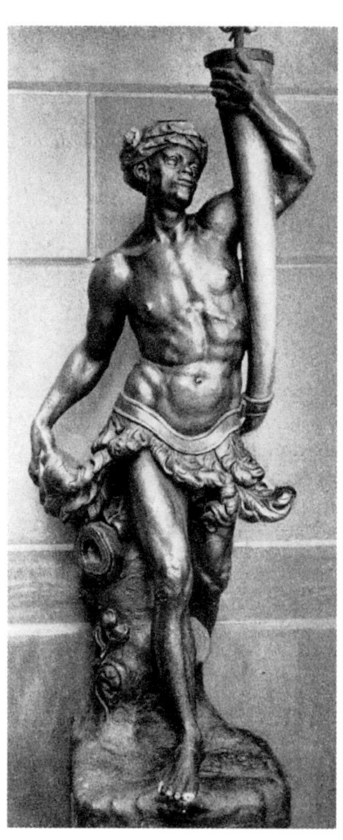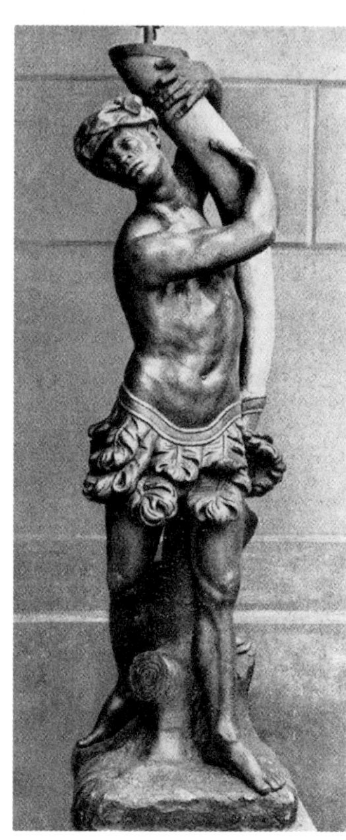

Abb. 3   Aufstellung auf der Hofseite des Ordenspalais (später Prinz-Carl-Palais), Foto vor 1942

Die beiden Figuren wurden zerbrochen in einem Depot der SPSG gefunden. Der Wunsch, sie auszustellen, warf viele Fragen innerhalb des kuratorischen Teams auf, insbesondere bei Betrachtung der Skulpturen im aktuellen Diskurs über Kolonialismus und Rassismus.

Der Bezug zum Kolonialismus oder zu kolonialem Gedankengut lässt sich anhand der Gestaltung der Skulpturen herstellen. Die Kleidung der beiden Figuren hat keine Verbindung zu traditionellen afrikanischen oder anderen außereuropäischen Trachten. Vielmehr sind Turban und Federrock eine europäische Inszenierung des »Exotischen«. Was wir sehen, ist die Projizierung des *white gaze* auf einen Schwarzen Körper. Mit diesem rassistischen Blick auf Schwarze Körper und der Abgrenzung davon definieren die weißen Betrachtenden ihre Andersartigkeit, ihr »Weißsein«.[4]

Es ist nicht klar zu bestimmen, wie die Figuren zerbrachen. Wegen der Schäden am Gesicht ist zu vermuten, dass die Skulpturen umfielen und auf der Vorderseite aufkamen. Was der Auslöser des Fallens war, lässt sich nicht mehr rekonstruieren. Eine rassistisch motivierte Zerstörung der Figuren ist dabei nicht auszuschließen.

Beim Planen der Ausstellung stellte sich nun die Frage, wie diese Skulpturen gezeigt werden sollen. Durch die Brüche am Hals waren die Köpfe vom Torso getrennt. Dies löste Assoziationen zu dem Völkermord an den Herero und Nama (1904–1908) durch die deutschen Truppen im heutigen Namibia aus. Viele Schädel und Gebeine der Opfer kamen damals in deutsche anthropologische Sammlungen, wo sie sich zum Teil bis heute noch befinden. Dem Team stellte sich die Frage: Reproduziert das Ausstellen der fragmentarischen Körperteile diese historische Ausstellungs- und Sammlungspraxis?

Wie geht man mit so sensiblen, bislang unerforschten Objekten um bzw. worin unterscheidet sich der Umgang je nach Betrachtung? Das Restaurator:innenteam der SPSG plant die Aufrichtung und teilweise Zusammenführung der Einzelteile, denn dies ist der übliche Umgang mit fragmentierten Skulpturen. Die Ziele sind hier konservatorisch motiviert. Für die Ausstellung soll die möglicherweise rassistisch motivierte Gewalt weder inszeniert noch versteckt werden. Im Spannungsfeld von Reproduktion von potenziell rassistisch motivierter Gewalt und historischer Auslöschung entschied sich das kuratorische Team, beide Zustände zu zeigen: zerbrochen und teilweise rekontextualisiert.

| CONSTANTIJN JOHANNES LELIVELD

| 1 Siehe Abbildung S. 82. | 2 Vgl. Havard 1894, Sp. 1226. – Souchal 1962, S. 76. | 3 Vgl. Rave 1940a, S. 8. | 4 Yancy 2005, S. 222.

VIER BÜSTEN AFRIKANISCHER MENSCHEN

Detail aus Abb. 1

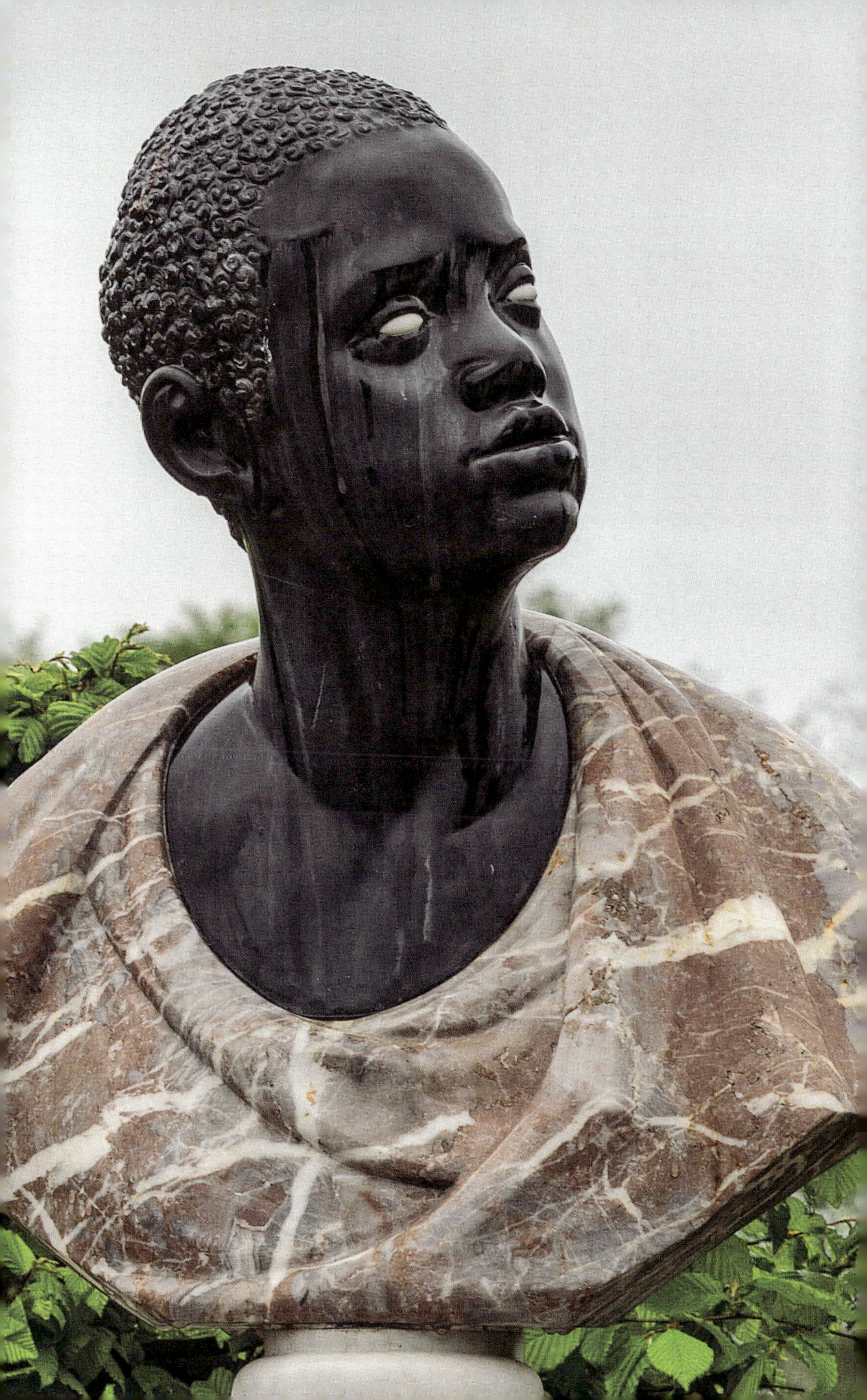

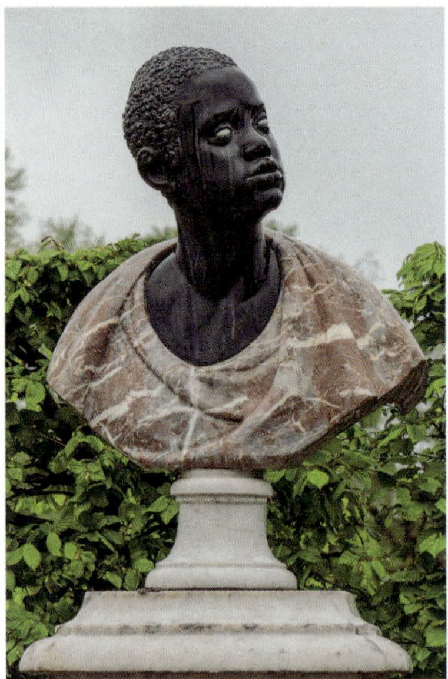 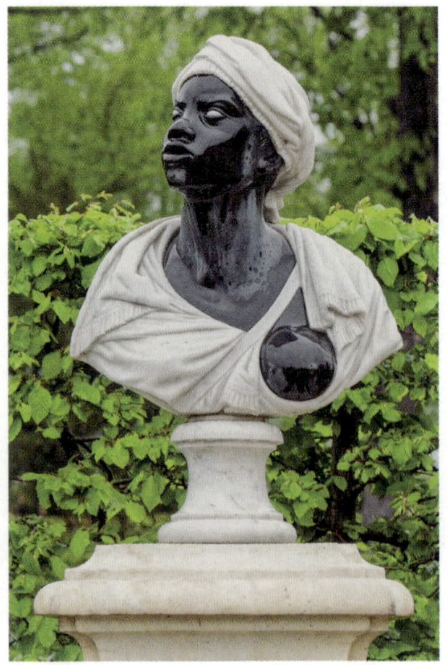

Abb. 1 Vier Büsten afrikanischer Menschen Originale vermutlich italienisch, zweite Hälfte 17. oder Anfang 18. Jahrhundert, heute durch Kopien der 1990er-Jahre ersetzt, Potsdam, Park Sanssouci, Erstes Rondell SPSG, Skulpt.slg. 3725, 3726, 3727, 3900

Der Skulpturenschmuck des Ersten Rondells im Park Sanssouci

Betritt man von Osten den Park Sanssouci durch das Obeliskportal, so trifft man im Ersten Rondell auf sechs marmorne Bildnisbüsten: die von zwei Afrikanerinnen und zwei Afrikanern in antiken Gewändern sowie die des römischen Kaisers Titus Vespasianus und des römischen Kaisers und Philosophen Marc Aurel.[1] Wahrscheinlich wurde der Skulpturenschmuck des Rondells in Verbindung mit der 1750 bis 1754 entstandenen, einige Meter nordwärts gelegenen Neptungrotte aufgestellt. Der Hofgärtner Friedrich Zacharias Salzmann erwähnte die Büsten erstmals 1772 in der Erläuterung zu seinem Parkplan.[2]

Die vier Brustbilder der Schwarzen Menschen kamen vermutlich schon Ende des 17. Jahrhunderts nach Berlin und können mit einem entsprechenden Eintrag im Inventar der Brandenburgischen Kunstkammer von 1694 identifiziert werden. Ob die bislang italienischen Bildhauern zugeschriebenen Werke in den Niederlanden oder aus einer anderen Quelle, beispielsweise von Johann Moritz von Nassau-Siegen, erworben worden sind, ist nicht bekannt. Aus konservatorischen Gründen werden die originalen Büsten heute im Schloss Caputh gezeigt. Im Ersten Rondell stehen seit 1998 bildhauerische Kopien.

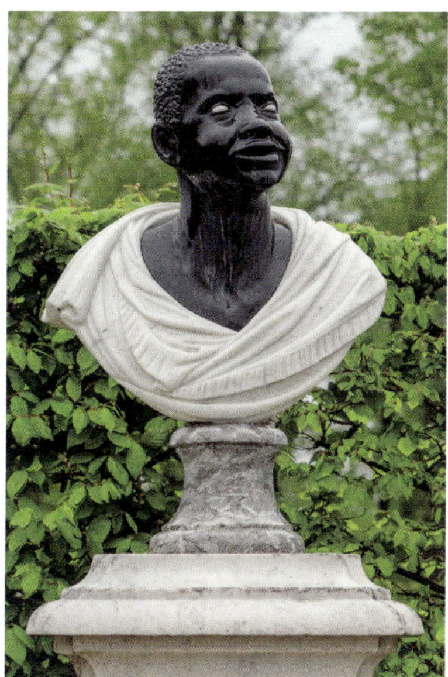 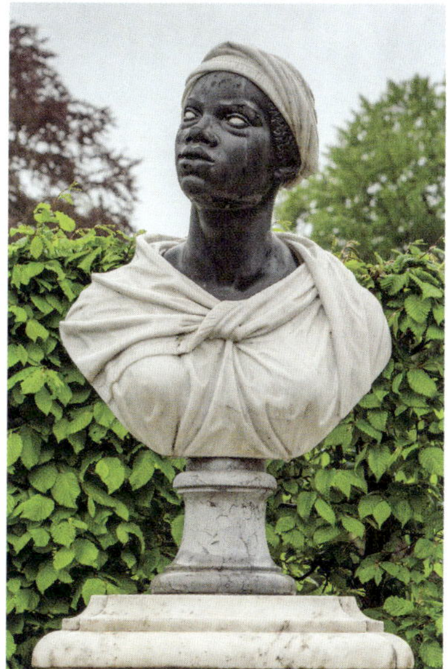

Es ist davon auszugehen, dass König Friedrich II. persönlich die Gestaltung des Östlichen Lustgartens und damit die Skulpturenausstattung im Ersten Rondell plante: Das Arrangement der Büsten Schwarzer Menschen ist so angelegt, dass sie die Kaiser- und Philosophenbüsten rahmen. Kunsthistorische Vergleiche legen nahe, dass die Bildnisse der Schwarzen Personen ursprünglich als einander zugewandte Mann-Frau-Paare gedacht waren, von Friedrich aber in einen anderen Zusammenhang gebracht wurden. Der König mag sich mit Titus, den die Geschichtsschreibung als Dichter und idealen Herrscher beschreibt, ebenso identifiziert haben wie mit dem Bildnis des Philosophen (stark beschädigt, deponiert und durch Marc Aurel ersetzt). Mit ihren antikisierenden Gewändern und ähnlichen Sockeln harmonisieren die Büsten der Afrikanerinnen und Afrikaner, die an dieser Stelle des Gartens im Verständnis des 18. Jahrhunderts für die »wilde« Urwüchsigkeit der Natur stehen mögen, äußerlich mit den beiden anderen. Die Natur, durch königlichen Willen ebenso kultiviert und »gezähmt« wie vermeintlich die Schwarzen Frauen und Männer, verbindet sich mit der Macht, der aus der Antike hergeleiteten Herrschertradition, der Kultur und Philosophie.

| SILKE KIESANT

| 1 Kiesant 2020. | 2 Salzmann 1772, auf dem Plan mit dem Buchstaben d gekennzeichnet.

Widerruf imperialer Anordnungen

Die vier Büsten unbekannter Afrikaner:innen im Park von Schloss Sanssouci in Potsdam erzählen eine komplexe Geschichte mit vielen Unbekannten. Weder kennt man ihren Schöpfer, noch weiß man, ob sie nach Menschen gefertigt wurden, die tatsächlich einmal gelebt haben. Auch ist eine genaue Datierung nicht möglich. Gemeinhin werden die Büsten als Darstellungen von ausgegrenzten Afrikaner:innen beschrieben. Durch ihre neue Anordnung ließen sich die Geschichte und das Narrativ dieser Ausgrenzung neu schreiben.

Die Originalbüsten stehen heute nicht mehr draußen im Park. An ihrer Stelle hat man interessanterweise falsche Büsten aufgestellt. Im Allgemeinen aber sind Anordnung und Aussehen unverändert geblieben. Ursprünglich schauten zwei der Büsten auf zur Skulptur eines römischen Kaisers und die beiden anderen zu einem Philosophen. König Friedrich II. identifizierte sich sowohl mit dem Kaiser als auch

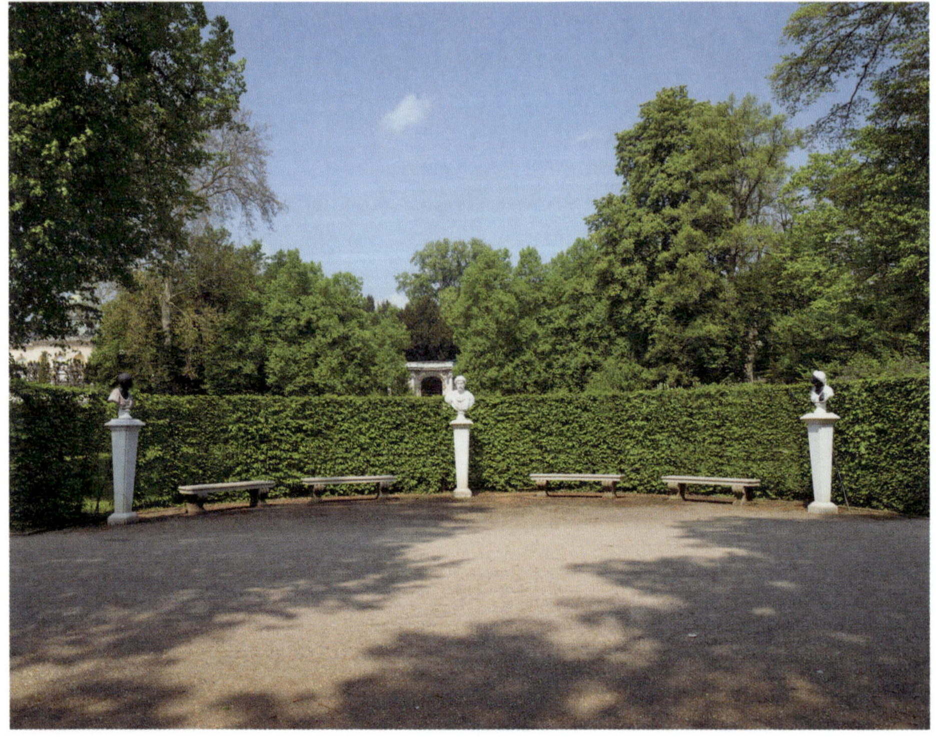

Abb. 2   Blick in das Erste Rondell im Park Sanssouci

mit dem Philosophen. Man könnte also sagen, dass die Büsten der unbekannten Afrikaner:innen zu ihm aufschauten. Es entbehrt nicht der Ironie, dass man die ursprüngliche koloniale Anordnung der Büsten, die 1746 auf Befehl des Königs geplant und aufgestellt wurden, bis heute im Park beibehalten hat. Da die Originalbüsten in Schloss Caputh aufbewahrt werden, um sie vor Witterungseinflüssen zu schützen, dürfte es leichter fallen, die vier falschen Büsten neu anzuordnen. Man könnte die Büsten zum Beispiel so aufstellen, als befänden sie sich im Gespräch miteinander, ohne dass hierfür die kolonialen Konnotationen des ursprünglichen Arrangements beibehalten werden müssten. Ihre Blicke würden von den Kolonialmächten auf die Afrikaner:innen selbst gelenkt.

Die ursprünglichen Büsten haben keine Pupillen, sind also gleichsam blind gegenüber der weißen Zivilisation. Heute können wir sie neu anordnen und interpretieren, indem wir ihnen, um im Bild zu bleiben, Augen geben, die die imperialen und kolonialistischen Befehle widerrufen. Die Neuanordnung könnte die afrikanischen Büsten in einer Weise zentrieren, die ihnen ihre Handlungsfähigkeit und ihre Menschenwürde zurückgibt. Die Darstellung »naiver« Afrikaner:innen, die zu weißen Ideen und Mächten aufschauen, ist heute nicht länger haltbar. Die Büsten sollten im Dialog miteinander stehen, ohne den weißen Philosophen und Kaiser in ihrer Mitte.

Die originalen afrikanischen Büsten in Schloss Caputh sehen aus, als ob es sich bei ihnen um zwei Paare handelte. Und wenn man sie schon in einer »weißen« Umgebung zeigt, so sollte man die beiden Paare zumindest so anordnen, als befänden sie sich im Gespräch miteinander. Darüber hinaus könnte man am Sockel einen Zettel anbringen, der über die Geschichte der Büsten und die veränderte Anordnung informiert.

Eine kritische Umgruppierung käme nicht nur einer symbolischen Rekonfiguration der Kolonialgeschichte im Schlosspark gleich, sondern würde auch das Unglück der Afrikaner:innen umkehren, die in das Elend der deutschen Kolonialaktivitäten in Afrika verwickelt wurden. Die afrikanische Würde der Gegenwart sollte nicht an vergangene koloniale Entwürfe Deutschlands und anderer europäischer Mächte geknüpft werden.

| ODUOR OBURA

OTAHEITISCHES KABINETT IM SCHLOSS AUF DER PFAUENINSEL

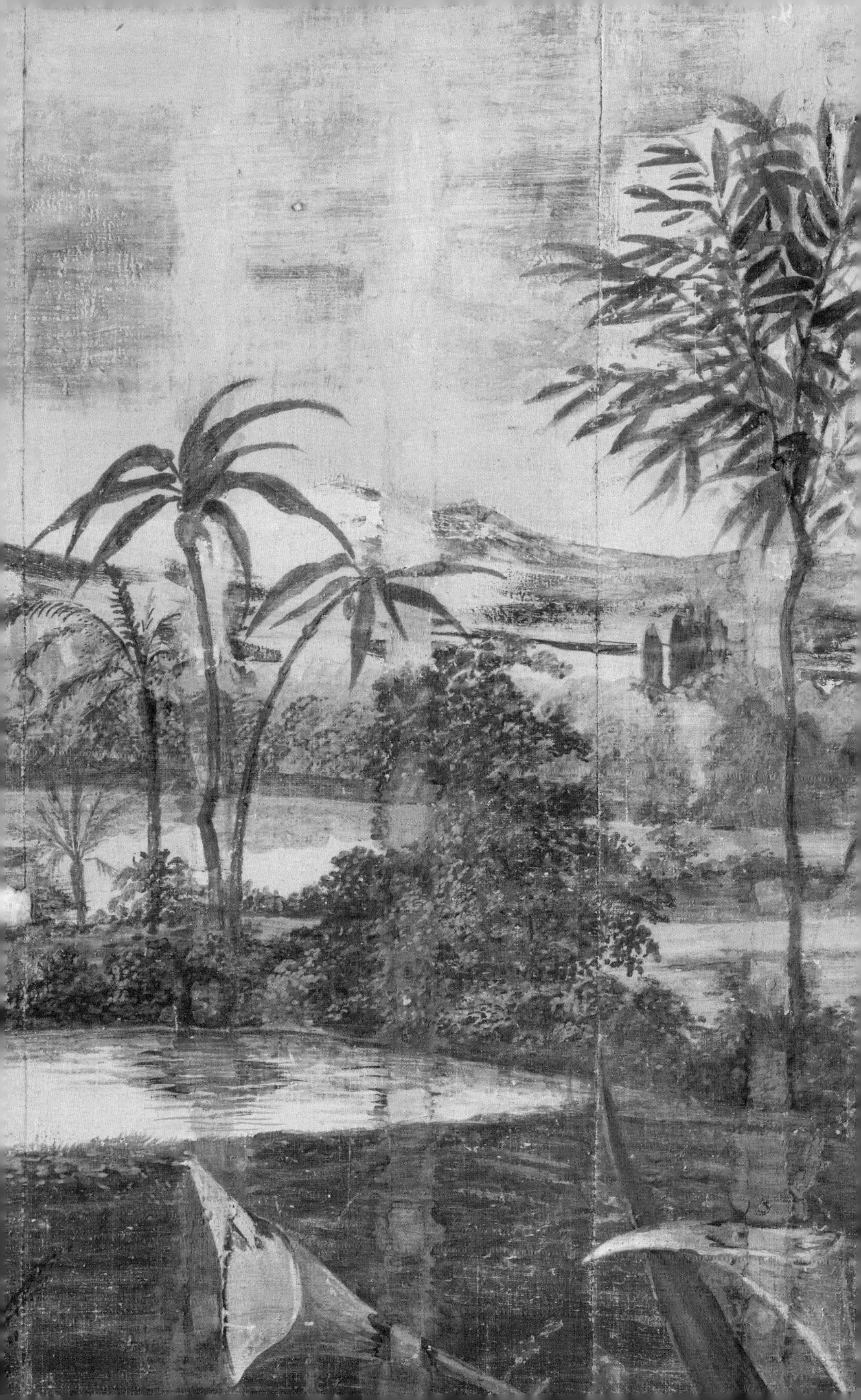

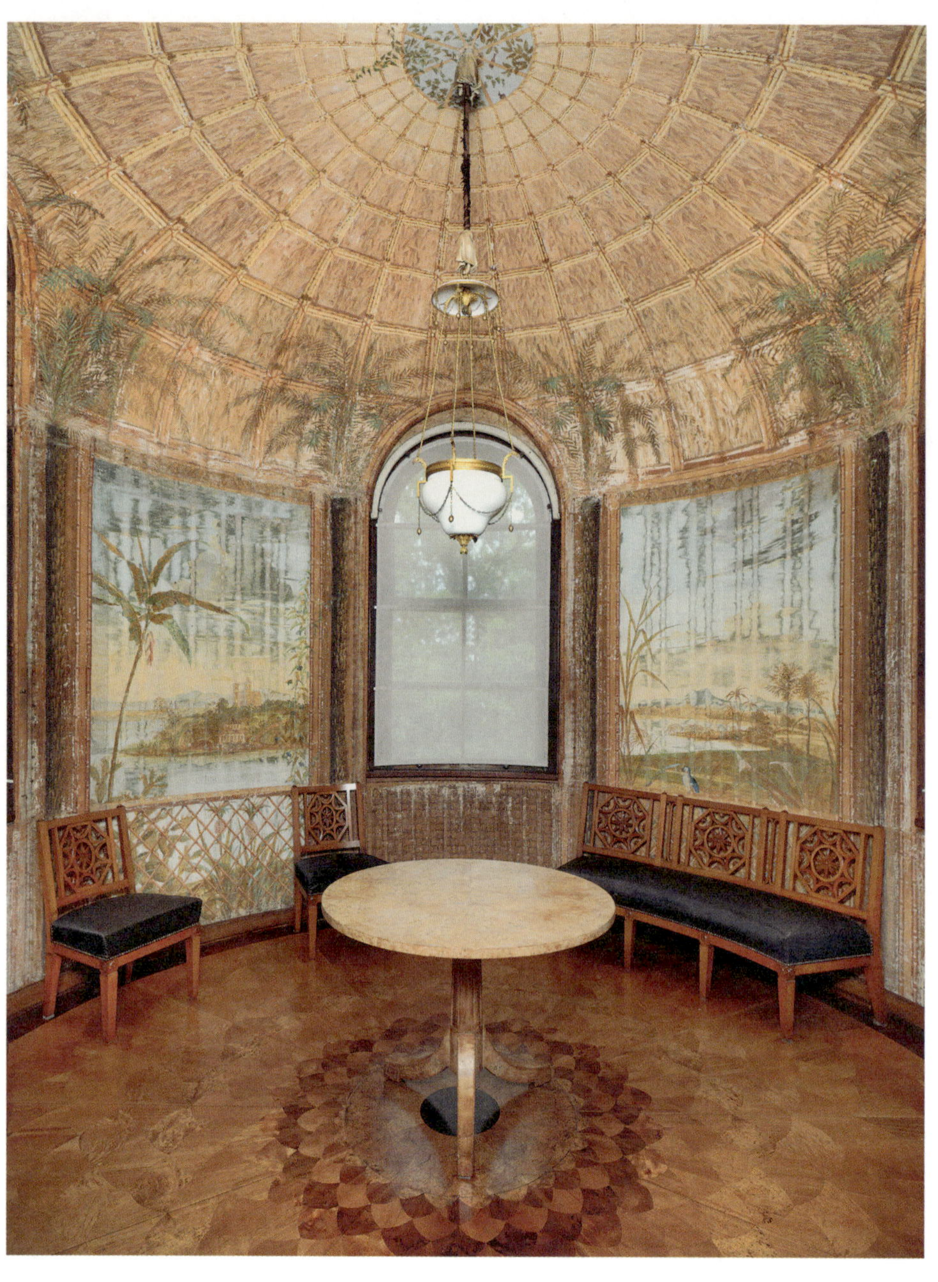

Abb. 1   Otaheitisches Kabinett im
Schloss auf der Pfaueninsel, Berlin
Ausmalung von Peter Ludwig Lütke
und Peter Ludwig Burnat, 1794/95

Tahiti auf der Pfaueninsel

Das runde Turmzimmer, dessen Ausmalung eine aus Bambus und Palmen errichtete Hütte darstellt, ist eine der originellsten Raumschöpfungen des im 1794 errichteten Schlösschens auf der Pfaueninsel. Gemalte Aussichten neben den realen Fensterblicken zeigen das Marmorpalais und das Pfaueninsel-Schloss sowie ursprünglich auch die Meierei auf der Pfaueninsel.[1] Diese Havelschlösser König Friedrich Wilhelms II. waren vom Maler in eine fiktive Südseelandschaft versetzt worden, die durch die jüngsten Berichte über Tahiti (auch Otahiti oder Otaheiti) bekannt gemacht worden war. Die Idee ging auf Wilhelmine Ritz (geb. Encke, spätere Gräfin Lichtenau) zurück, der Friedrich Wilhelm (II.) James Cooks Reiseberichte aus der Südsee zur Lektüre ans Herz gelegt hatte.[2]

Im Gegensatz zum festlichen Palmensaal des Königs im Potsdamer Neuen Garten (Orangerie) orientierte sich die Ausmalung an den in den Landschaftsgärten Preußens beliebten Palmenhütten. In der Mark Brandenburg bestand damals wohl die größte Dichte an Südseearchitekturen außerhalb der Südsee.[3] Dazu zählten das otaheitische Badehaus in Garzau sowie die heute verlorenen otaheitischen Korb- oder Rohrhäuser in den Schlossgärten von Bellevue und Charlottenburg. Am Anfang des Tahiti-Hypes stand offenbar die Remusinsel in Rheinsberg. Da dem Prinzen Heinrich, ein Bruder des Königs, anfangs noch keine Abbildungen zur Verfügung standen, ähnelten die Inselarchitekturen eher traditionellen chinesischen Pavillonbauten. Bei einem der gemalten Ausblicke im Kabinett der Pfaueninsel dürfte es sich um eine Darstellung der Remusinsel handeln.

Bei der Ausmalung des Kabinetts auf der Pfaueninsel konnte man sich an authentischen Zeugnissen der polynesischen Lebenswelt orientieren, die im otaheitischen Pavillon im Wörlitzer Park aufbewahrt wurden.[4] Objekte, die Eingang in die Südseesammlung des Fürsten Franz von Anhalt-Dessau gefunden hatten, hatte Georg Forster von seiner Südseereise mit James Cook mitgebracht.

Der polynesischen Vorgaben nacheifernde »otaheitische Geschmack« hatte über die Gartenkunst für eine sehr kurze Zeit Eingang in die Raumkunst gefunden. Für Stadtwohnungen oder Prunkzimmer galt er zwar als unangemessen. Aber ein otaheitischer Pavillon im Garten eröffnete dem Besitzer die Möglichkeit, sich aus der leidvollen Wirklichkeit Europas hinwegzuzaubern »in die friedlichen Gefilde jener schönen Insel.«[5]

| STEFAN GEHLEN

Tahiti-Hype in Preußen

Die in Preußen begeistert aufgenommenen Berichte aus der Südsee waren wirkungsmächtige Zeugnisse der kolonialen Expansion. Nachdem Frankreich im Siebenjährigen Krieg (1756 – 1763) seine nordamerikanischen Kolonien verloren hatte, war Antoine de Bougainville im Auftrag des französischen Königs 1766 in die Südsee aufgebrochen, um neue Landmassen für Koloniegründungen ausfindig zu machen. Außerdem sollte er Gewürzpflanzen sammeln und für den Anbau in die Kolonie Mauritius bringen.[6] James Cook war seit 1768 im Auftrag der britischen Krone dreimal in die Südsee gesegelt, um die koloniale Vormachtstellung Großbritanniens weiter auszubauen und die kolonialen Ausbeutungspotenziale neuer Länder zu ermitteln. Preußen hatte weder Kolonien noch koloniale Möglichkeiten in Übersee, sodass die Preußen Georg und Johann Reinhold Forster Cook auf seiner zweiten Südseereise begleiteten, um die Tier- und Pflanzenwelt zu untersuchen.

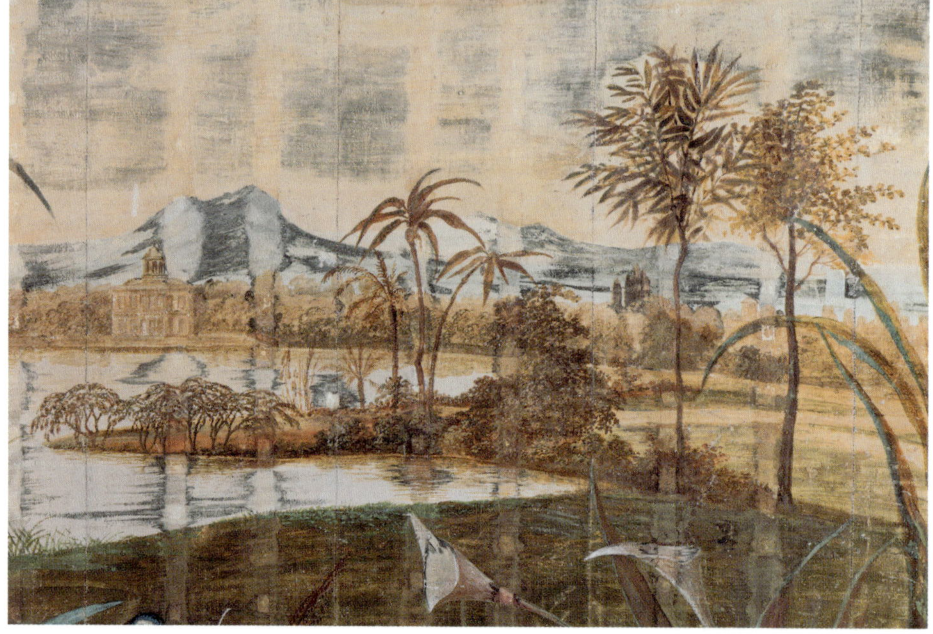

Den Tahiti-Mythos hatte maßgeblich Bougainville geprägt, der vorgab, in der Südsee den Garten Eden, die Aphrodite-Inseln und das reale Utopia Jean-Jacques Rousseaus gefunden zu haben.[7] Trotz Bougainvilles dreifacher kultureller Projektion sah man auf die Kultur der Polynesier herab. Aus diesem Grund erschien der »otaheitische Geschmack« auch nur im naturnahen Kontext des Gartens angemessen: Der »Kunstliebhaber wird freilich nicht viel Belehrendes in jenen Ländern finden, aber mit Vergnügen wird er auch hier den Weg sehen, den das Kind der Natur [...] bei einem noch unkultivierten Volk [...] dereinst zu einer höheren Stufe der Vollkommenheit« gehen kann.[8]

Aus kulturhistorischer Sicht wird der Tahiti-Hype oft mit den mythologischen Südseeprojektionen Bougainvilles in Verbindung gebracht. Aus kolonialgeschichtlicher Perspektive könnte er auch als Sublimierung damals noch unerfüllbarer Kolonialträume interpretiert werden. Den Enkeln Friedrich Wilhelms II., die als Kinder häufig die Pfaueninsel besuchten, hatte man Georg Forsters Beobachtungen und Erkenntnisse von seiner Reise mit Cook als Schullektüre verordnet.[9] Zu den jungen Leser:innen zählte auch Prinz Wilhelm, der später als deutscher Kaiser Wilhelm I. mit Schutzbriefen und Kanonenbooten das deutsche Kolonialreich in der Südsee begründete. Bis 1914 hielten dort Ortsbezeichnungen wie Kaiser-Wilhelms-Land, Friedrich-Wilhelms-Hafen, Prinz-Albrecht-Hafen, Friedrich-Karl-Hafen und Kaiserin-Augusta-Bucht die Verbindung der Südseekolonie mit dem preußischen Königshaus in Erinnerung.

| STEFAN GEHLEN

| 1 Vgl. Werner 1992, S. 298. | 2 Vgl. Hagemann 2007, S. 139 f. | 3 Vgl. Meißner 2006, S. 79. | 4 Vgl. Niedermeier 2020, S. 85–91. | 5 M…r. 1798, S. 218. – Siehe Racknitz 1796–1799. | 6 Vgl. Hupfeld 2007, S. 330. | 7 Vgl. Hall 2008, S. 89. | 8 M…r. 1798, S. 217. – Siehe Racknitz 1796–1799. | 9 Vgl. Senn 2013, S. 22 f.

SCHWARZER MENSCH ALS KANDELABERTRÄGER

Abb. 1   Walter Schott, *Schwarzer Mensch als Kandelaberträger*
1892–1893, Potsdam, Neues Palais

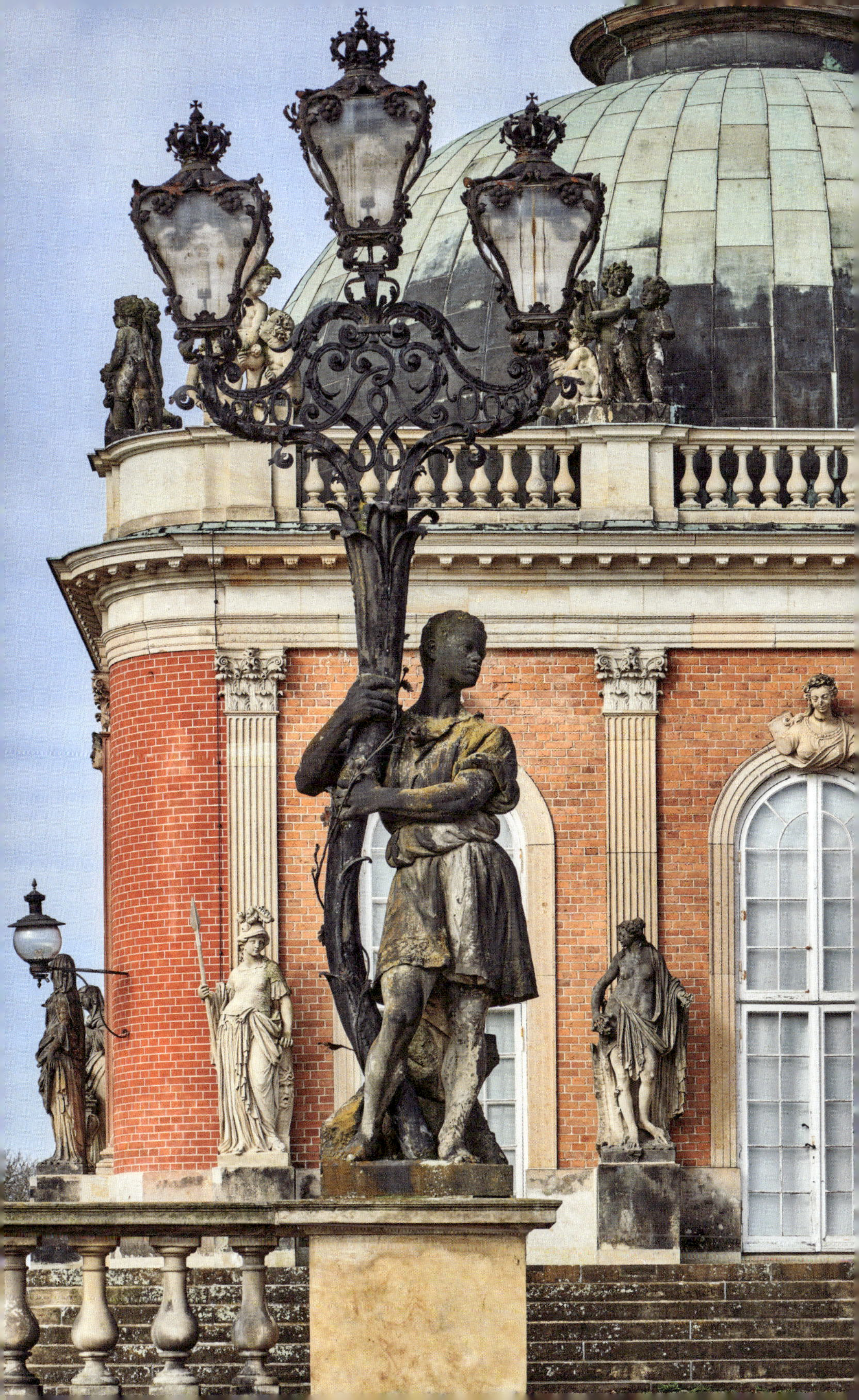

Verklärung und Politik

Ein junger Schwarzer Mann, barfuß, bekleidet mit kurzem, ärmellosem Gewand steht vor felsigem Untergrund. Sein rechter Arm umfasst von hinten einen seine Körpergröße deutlich überragenden Pflanzenschaft. In dessen Kelchblättern steckt ein dreiarmiger, schmiedeeiserner Leuchter mit dem Monogramm WR für *Wilhelmus Rex* sowie drei Laternen mit Königskronen. Nahezu mühelos hält der linke Arm des Mannes den Schaft auf Brusthöhe fest. Sein Blick wendet sich nach links zu seiner am Originalstandort vorhandenen Partnerfigur eines weiteren Kandelaberträgers. Er ist derzeit Teil der Ausstellung und wird anschließend restauriert.

Die Figur gehört zu den 54 Skulpturen der Sandsteinbalustrade auf der Gartenseite des Neuen Palais im Park Sanssouci.[1] Die aufwendige Dekoration wurde im Auftrag Kaiser Wilhelms II., der selbst großen Einfluss auf die Themenauswahl ausübte, zwischen 1889 und 1894 durch den Bildhauer Walter Schott geschaffen: insgesamt sechs überlebensgroße Statuen mit fünfarmigen Kandelabern

Abb. 2 Walter Schott
Zwei Schwarze Menschen als Kandelaberträger, 1892 – 1893
Potsdam, Neues Palais, Gartenseite
Skulptur: Sandstein, Kandelaber: Eisen, geschmiedet,
Ausführung: Walter Schott, Ferdinand Paul Krüger (Schmiedearbeit)

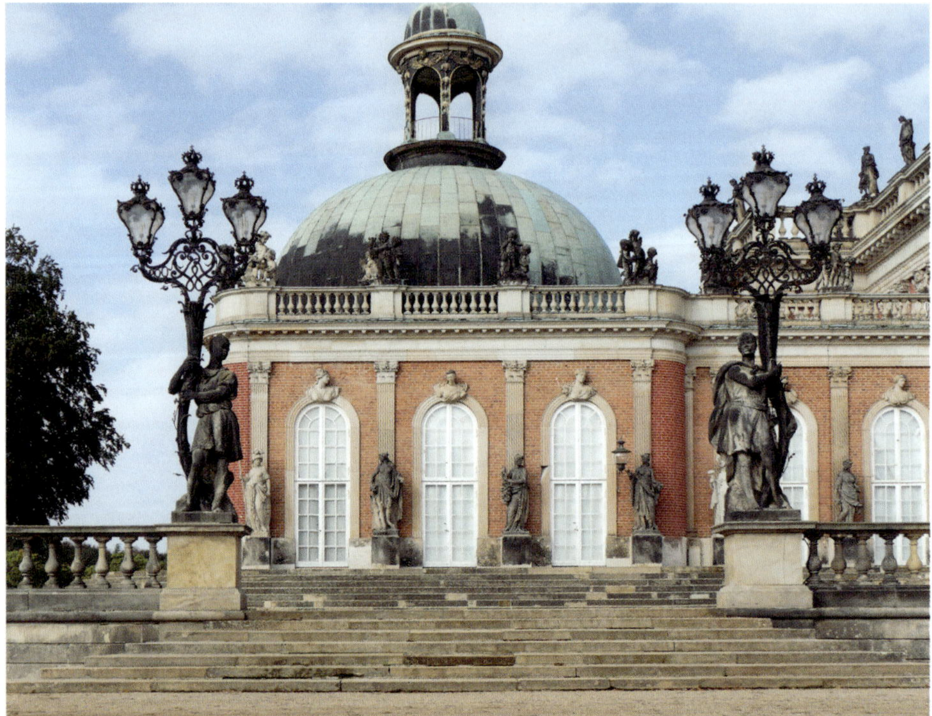

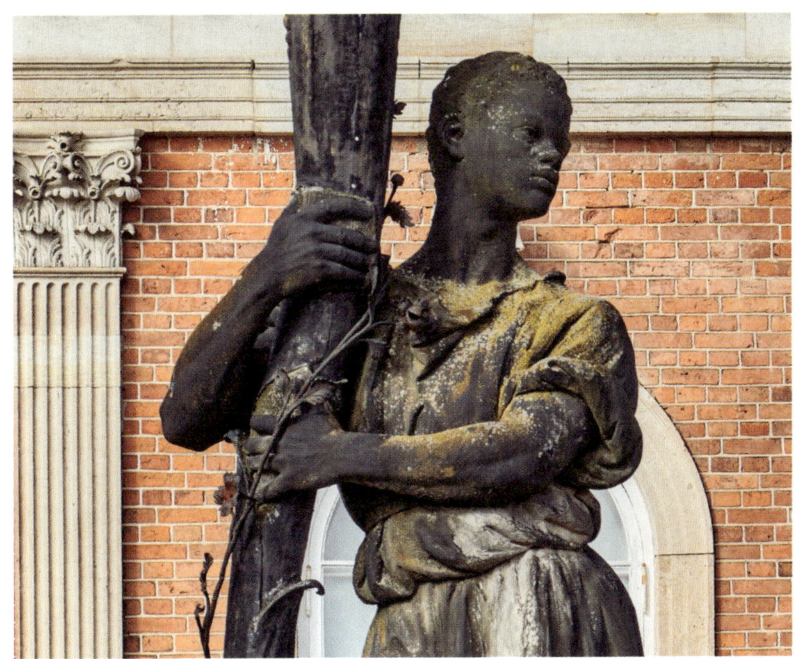

(Satyrn, Nymphen, Raubszenen, Jünglinge mit Fama und römischem Feldherrn) und sechs Einzelfiguren mit dreiarmigen Kandelabern (außer den beiden Schwarzen Menschen zwei Römer-Germanen-Paare). Dazwischen stehen rhythmisch angeordnet zwölf Trophäen, 16 Kinderfiguren und 14 Vasen.

Mit diesem Balustradenschmuck wurde die Gartenterrasse zu einem repräsentativen Ort, der die politische Agenda Wilhelms II. zum Ausdruck brachte. In der Zusammenschau aller 54 Skulpturen lassen sich sowohl die Rückbesinnung auf barocke Traditionen als auch Anspielungen auf das geopolitische Programm des Kaisers erkennen. Dabei nehmen die beiden Kandelaber tragenden Schwarzen Menschen unterschiedliche Bedeutungsebenen ein: Sie verweisen auf die expansive Kolonialpolitik des Deutschen Reiches zum Ende des 19. Jahrhunderts, die aus deutscher weltpolitisch-strategischer Sicht als »Aufholen« gegenüber den anderen europäischen Kolonialmächten gerechtfertigt wurde. Sie mögen aber auch »exotisch«-erotischen Empfindungen Wilhelms II. entsprochen haben. Mit ihren antikisch-idealisierenden Gewändern korrespondieren die zwei Afrikaner mit den beiden Römer-Germanen-Paaren, die die Antike einerseits und den Germanenkult andererseits symbolisieren. Die Körperhaltungen unterstreichen vermeintliche Gemeinsamkeiten: Männlichkeit, Stärke, Robustheit, Heldenmut – in Stein gemeißelte Fantasien Wilhelms II., die sein politisches Selbstverständnis wesentlich bestimmten.

| SILKE KIESANT

Rassistische Darstellungen im 19. und 20. Jahrhundert

Bis heute ist nicht geklärt, ob die Statuen echten Menschen nach-
empfunden sind. Indes besteht kein Zweifel daran, dass in ihnen
die mythologische Vorstellung Ausdruck findet, die der deutsche
Kaiser von außereuropäischen Völkern hatte. Wenn wir diese Statuen
heute in ihrem historischen Kontext betrachten, können wir leichter
nachvollziehen, wie die *mythologische* Wahrnehmung von Schwarzen
Menschen und People of Colour ihrer Rassifizierung in der preußischen
und dann in der deutschen Gesellschaft den Weg bereitete.

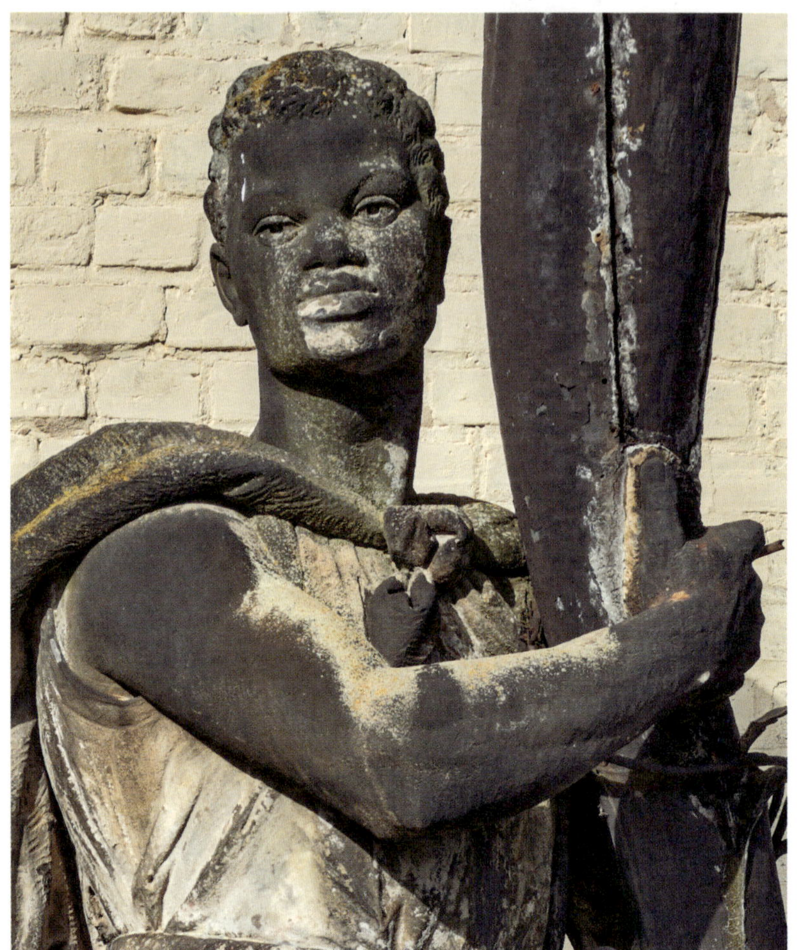

Abb. 3 Detail eines der beiden *Schwarzen Menschen als Kandelaberträger* (2023) in der Sonderausstellung Schloss Charlottenburg, dann in der Restaurierungswerkstatt)

Im gesamten 19. Jahrhundert gab es in ganz Preußen rassistische
Darstellungen von Schwarzen Menschen und People of Colour
in sogenannten Völkerschauen. Eine beträchtliche Anzahl dieser
berüchtigten Ausstellungen fand in Berlin (z. B. 1896 im Treptower
Park), einige im Neuen Palais in Potsdam statt. Bei einer von ihnen,
so berichtete Gräfin Mathilde von Keller, habe die Somaliland-Gesell-
schaft 1890 in der Nähe des Neuen Schlosses in Potsdam zur Unter-
haltung der Königsfamilie eine »Menschenschau« veranstaltet.[3]
Zwei Jahre später wurden die Statuen vor diesem Schloss aufgestellt.

Während des 17. und 18. Jahrhunderts waren die meisten nicht-
weißen Deutschen als Sklav:innen oder Kriegsgefangene aus Konti-
nentalafrika bzw. aus dem Osmanischen Reich nach Preußen gebracht
worden. Die Sklaverei wurde hier zwar 1857 aufgehoben, doch hielt
der Zustrom von Versklavten nach Preußen auch danach noch an,
da andernorts weiterhin Sklavenmärkte betrieben wurden. Unter
ihnen waren Menschen wie Sabac El Cher oder Bilillee (auch Ajiamé
und Machbuba genannt), die man als versklavte Kinder nach Brandenburg brachte.

Die Organisation dieser »Menschen-Zoos« ging mit einer sich
verändernden politischen und gesellschaftlichen Landschaft in
Deutschland einher. Zu Beginn des 20. Jahrhunderts erlebte Deutschland bedeutende Veränderungen auf sozialer und politischer Ebene,
die die deutsche Gesellschaft neu definierten. Etwa zu gleicher Zeit,
in den frühen 1900er-Jahren, während die Gewalt des deutschen
Kolonialismus anhielt, war Deutschland in den »Wettlauf um Afrika«
eingetreten. Die beiden Laternenträger wurden am Vorabend dieses
Zeitpunkts geschaffen, als Deutschland sich innen veränderte und
seine Kolonien auf dem afrikanischen Kontinent ausdehnte.

Menschen, die nach Brandenburg zwangsverschleppt worden
waren, wurden hier sesshaft; viele lernten Deutsch, studierten und
gründeten Familien. Dies führt heute vielfach zu der Annahme, dass
nichtweiße Deutsche, insbesondere Schwarze Deutsche, »gut integriert« oder zufrieden mit ihrem Leben in Preußen waren. Während
Berichte über den Widerstand gegen ihre Leibeigenschaft nicht immer
erläutert werden, kämpften viele für eine Verbesserung ihrer Lebens-
bedingungen, da nicht unbedingt klar war, ob sie noch Sklav:innen
oder schon Freie waren. Nicht wenigen gelang es, ein Leben außerhalb
ihrer Leibeigenschaft zu beginnen und ungeachtet der Gewalterfah-
rungen, die sie auf dem Weg nach Deutschland gemacht hatten,
zu einem kritischen Element der deutschen Gesellschaft zu werden.

| HATEM HEGAB

| 1 Kiesant 2022, dort weitere Literatur und Quellen. | 2 Keller 1935, S. 132 f. | 3 Keller 1935,
S. 132 f.

FRAGMENTE VON GLASPERLEN

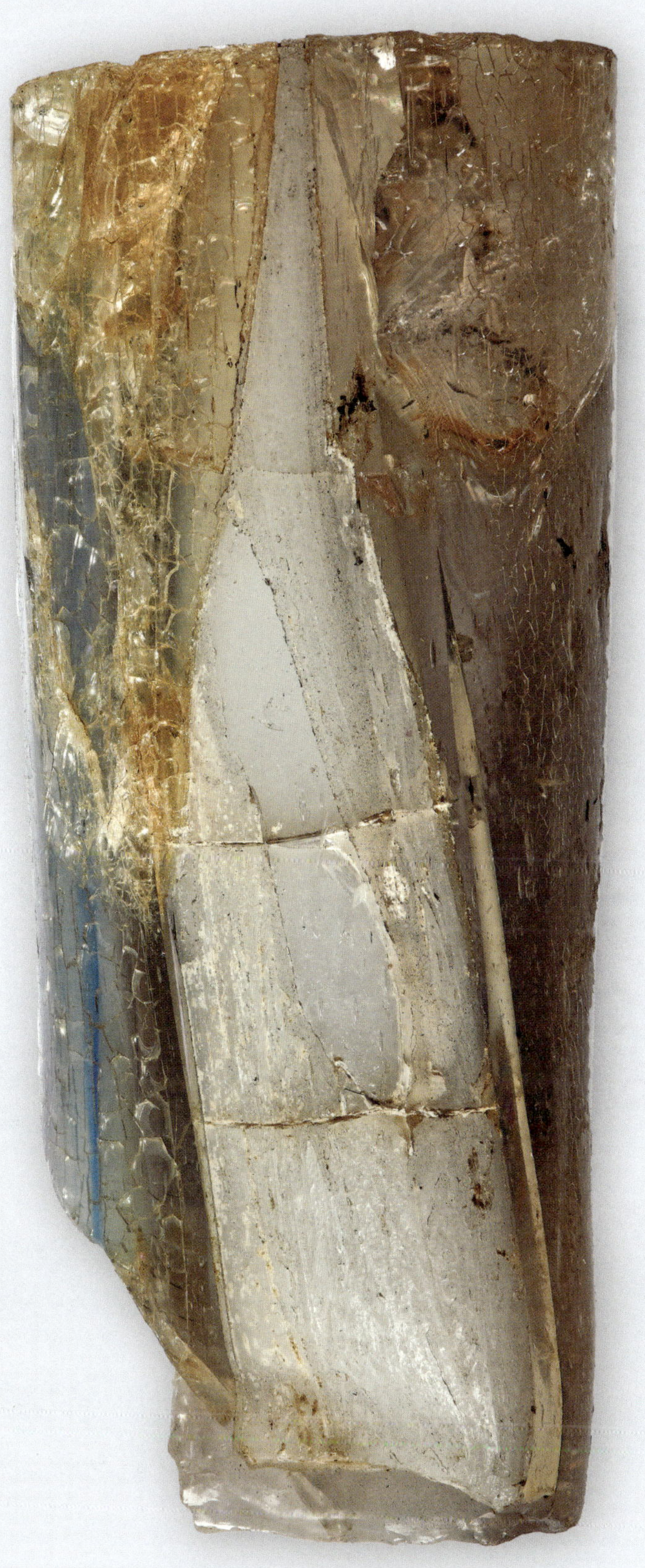

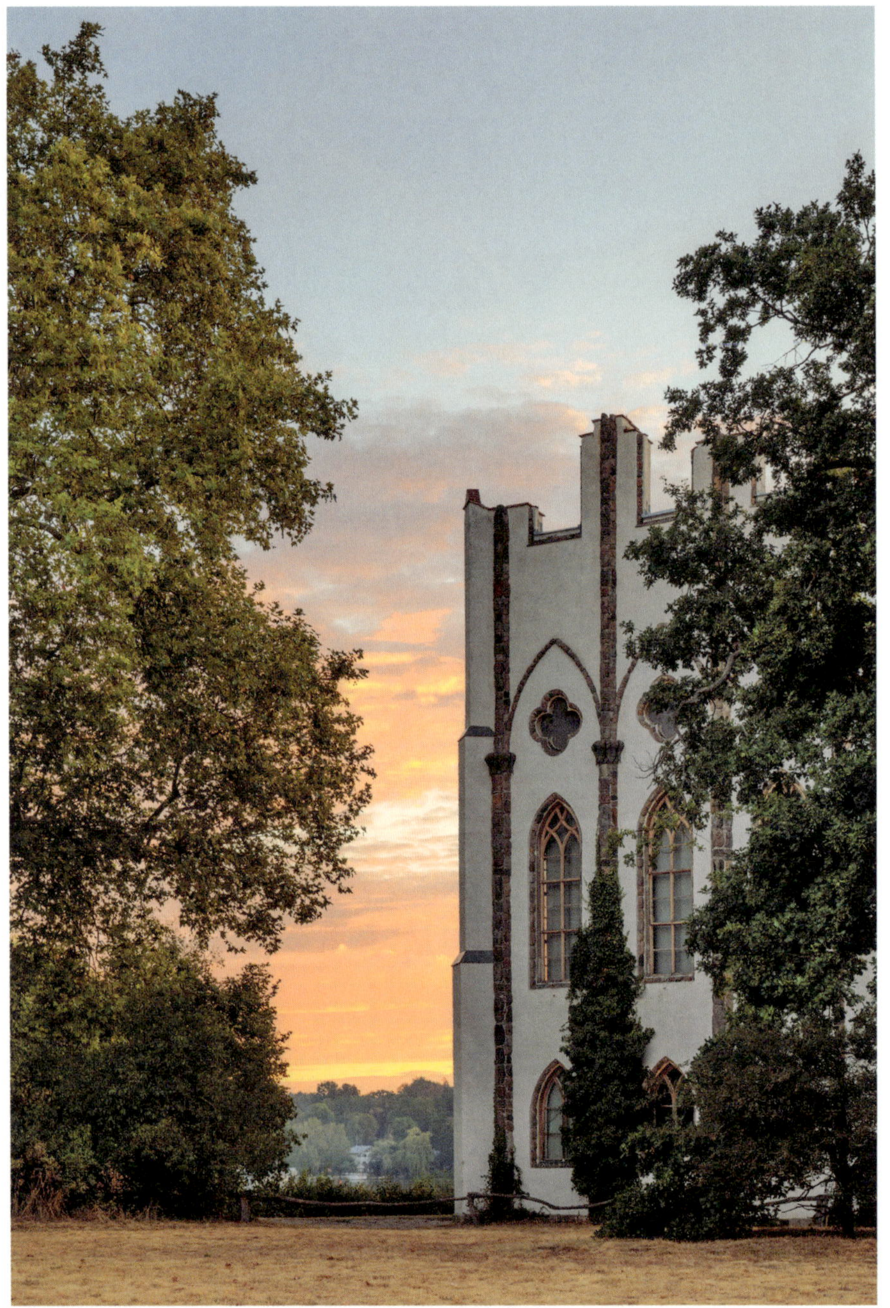

Abb. 2 Meierei auf der Pfaueninsel

Glasperlen auf der Pfaueninsel

In der Meierei im Nordosten der Pfaueninsel wird in einem Kabinett das Wirken des Glasmachers und Alchemisten Johann Kunckel präsentiert. Kurfürst Friedrich Wilhelm hatte den talentierten *Chymicus* 1678 von Sachsen nach Brandenburg abgeworben, um die Glasproduktion im Lande voranzubringen. In den Glashütten Potsdam und Drewitz erwarb sich Kunckel Verdienste um die Kristall- und Farbglasherstellung. Daraufhin übereignete ihm der Kurfürst 1685 die Pfaueninsel, um dort eine Glashütte mit geheimem Laboratorium zu betreiben. Die Insellage verringerte nicht nur die Feuergefahr, die immer von Glasöfen ausging, sondern diente auch der Geheimhaltung der im Laboratorium durchgeführten Experimente. Die Schenkung der Pfaueninsel war verbunden mit vielfältigen Privilegien für Kunckel, unter anderem die der Kristall- und Goldrubinglasproduktion sowie der Herstellung von *Glas-Corallen*.[1] Eine Enzyklopädie des 18. Jahrhunderts definiert *Glas-Corallen* so: »Zu den künstlichen Korallen gehören auch die von allerley bunt gefärbtem Glase verfertigten Kügelchen oder Perlen, Glas=Korallen oder Glas=Perlen.«[2] Diese Glasperlen sollten laut Schenkungsurkunde ausschließlich an den Kurfürsten selbst und an seine »Guineische Compagnie« verkauft werden. 1682 war durch kurfürstliches Edikt die Handels-Compagnie auf den Küsten von Guinea gegründet worden, die in einem weiteren Erlass desselben Jahres ihren offiziellen Namen Brandenburgisch-Afrikanische Compagnie erhielt.[3] An der westafrikanischen Küste im heutigen Ghana ließ Kurfürst Friedrich Wilhelm kurz darauf die Festung Großfriedrichsburg als Handelsniederlassung errichten.
Weil die gläsernen Bodenfunde am ehemaligen Standort der Glashütte auf der Pfaueninsel schon im 19. Jahrhundert sehr beliebt waren und von Besucher:innen mitgenommen wurden,[4] sind heute nur wenige Fragmente überliefert. Sie belegen, dass Kunckel bekannte Verfahren wie das Einschmelzen farbiger Krösel, das Überfangen opaker mit transparenten Glasschichten, das Aneinanderschmelzen polychromer Glasstäbe und das Kämmen der Glasmasse weiterentwickelte. Seine *Corallen* waren weiß und farbig, mit Streifen, Vogelfeder-, Wellen- oder Schachbrettmuster. Mehrheitlich hatten sie die Form von zylindrischen, kurzen Röhrchen. Aber auch kleine und große Kugelformen werden auf der Pfaueninsel verwahrt.

| SUSANNE EVERS, VERENA WASMUTH

Glasperlen im Versklavungshandel

Die auf der idyllisch gelegenen und heute bei Tourist:innen beliebten Pfaueninsel gefertigten bunten Glasperlen hängen eng mit den grausamen Praktiken des Versklavungshandels zusammen.
Die Brandenburgisch-Afrikanische Compagnie nutzte sie als Tausch- und Zahlungsmittel. Mehrere zeitgenössische Listen überliefern die über Großfriedrichsburg verkauften Waren und die dafür erzielten Goldeinnahmen.[5] Auch die Gewinnspannen der einzelnen Warengruppen werden angegeben. So geht aus einer Übersicht von 1683 hervor, dass die Brandenburger die weitaus größten Gewinne machten mit Spiegeln, gefolgt von indischen Baumwollkleidern, Pfannen und anderem Küchengeschirr, Brandy, Eisenbarren sowie Waffen. Glasperlen erzielten laut dieser Aufstellung eine Gewinnspanne von 162 Prozent, ähnlich hoch wie Musketen oder Kupferstangen.[6] Zahlreiche dokumentierte Schiffsfrachten nach Großfriedrichsburg listen Glasperlen unterschiedlicher Größe und Formen auf, die in Strängen gehandelt wurden.[7] Glasperlen gehörten zu den meistverkauften Waren an der westafrikanischen Küste.[8]

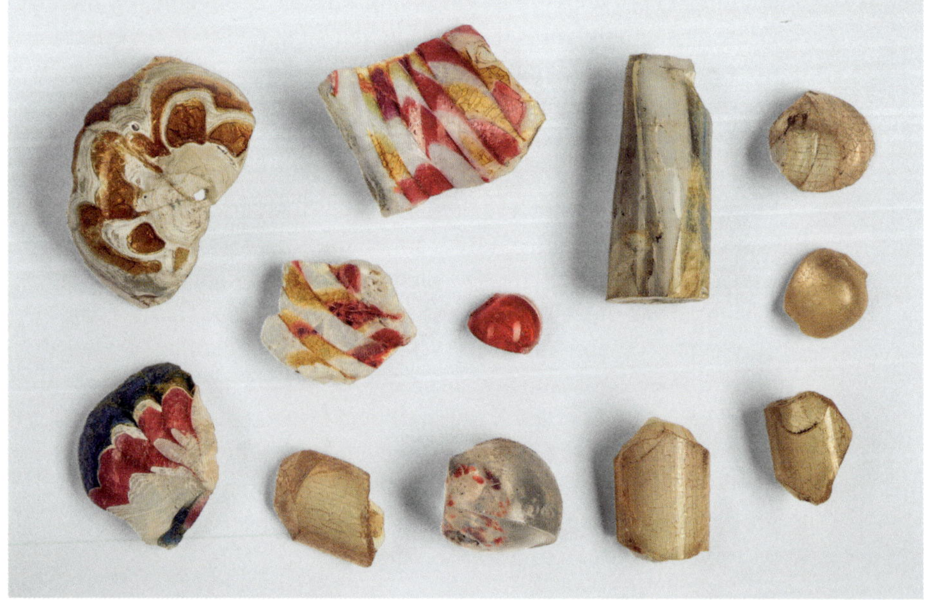

Abb. 3   Johann Kunckel
Fragmente aus der Glasperlenproduktion, 1685–1688
farbiges Glas, Pfaueninsel, Kunckelkabinett in der Meierei
Dauerleihgabe des Museums für Vor- und Frühgeschichte,
SMB PK Berlin

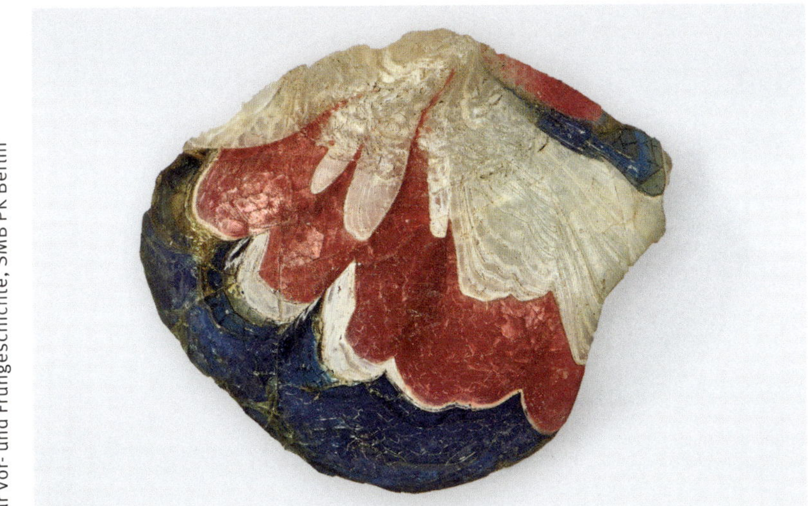

Es herrschte ein enormer Bedarf, da die Perlen als Besatz von Kleidung und als Schmuck Ausdruck der individuellen, kulturellen und spirituellen Identität der Träger:innen waren.[9] Die afrikanischen Händler bezahlten die Waren nicht nur mit Gold, sondern auch mit Elfenbein, Pfeffer – und mit Menschen, die als Versklavte in die Karibik und nach Amerika verschleppt wurden. Zeitgenössische Kostenaufstellungen belegen, dass bestimmte Mengen der Tauschwaren, auch der Glasperlenstränge, für je eine versklavte Person festgelegt wurden.[10] Eine deutsche Enzyklopädie des 18. Jahrhunderts bestätigt diese Praktik: »Der stärkste Verbrauch der auf Fäden gezogenen Glas=Perlen ist bey dem Sclaven=Handel auf der afrikanischen Küste [...] Ungefähr 4 Pfund kosten in Angola [...] einen Sclaven.«[11]

Der Weg der europäischen Glasperlen, auch derer aus dem Laboratorium Kunckels auf der Pfaueninsel, kann von Westafrika bis in die Karibik und nach Amerika weiterverfolgt werden. Handelsschiffe transportierten die Perlen als Teil ihrer Ladung. Außerdem behielten versklavte afrikanische Menschen ihren aus Perlen bestehenden Körperschmuck auf der Überfahrt bei sich und brachten die Glasperlen so auf den nächsten Kontinent.[12] Dies belegen Ausgrabungen in den ehemaligen Sklavenstaaten und noch heute lebendige Traditionen in den afro-karibischen Communities.[13]

| SUSANNE EVERS

| 1 Vgl. Schmidt 1914, S. 37 f. | 2 Krünitz, Bd. 44, 1788, S. 445. | 3 Vgl. Schück 1889, S. 126–129, 136–142. | 4 Vgl. Horvath 1802, S. 46. | 5 Vgl. Weindl 2001, S. 31. | 6 Jones 1985, S. 78, Doc. 11. | 7 Jones 1985, S. 61, 70, 72 f., 124, 129, 133, 136, 142. | 8 Vgl. Alpern 1995, S. 22. | 9 Vgl. Sinanan 2020, S. 72. – Gott 2014, S. 12–14. | 10 Vgl. Jones 1985, S. 199 f., Doc. 80. | 11 Krünitz, Bd. 44, 1788, S. 446 f. | 12 Vgl. Sinanan 2020, S. 72–74. – LaRoche 1994, S. 16. | 13 Vgl. Fricke/Zahedi 2020. – Yentsch 1995.

Die Schlösser und Gärten gewähren Einblicke in das politische Wirken und Leben der Monarchen, in ihre Regierungspraxis und ihre Förderung der Künste. Zumeist stehen hier die Herrscher, ihre Familien und das höfische Leben im Fokus der Erzählungen.
Es lohnt sich aber, dabei auch einen Blick hinter die Kulissen auf die Menschen zu werfen, die nicht im Mittelpunkt standen. Nachforschungen haben bestätigt, was auf vielen Gemälden erkennbar ist: Zahlreiche Menschen waren im Laufe der Jahrhunderte an den preußischen Hof verschleppt worden. Zu ihnen zählten seit dem 17. Jahrhundert vor allem Schwarze Menschen und People of Colour, die seitdem Bestandteil der preußischen und später der deutschen Gesellschaft sind. Ihre Biografien zeugen von ihrer Abhängigkeit und von den höfischen Zwängen, aber auch von ihrem Widerstand gegen das höfische System.

BIOGRAFIEN

OTTO FRIEDRICH VON DER GROEBEN

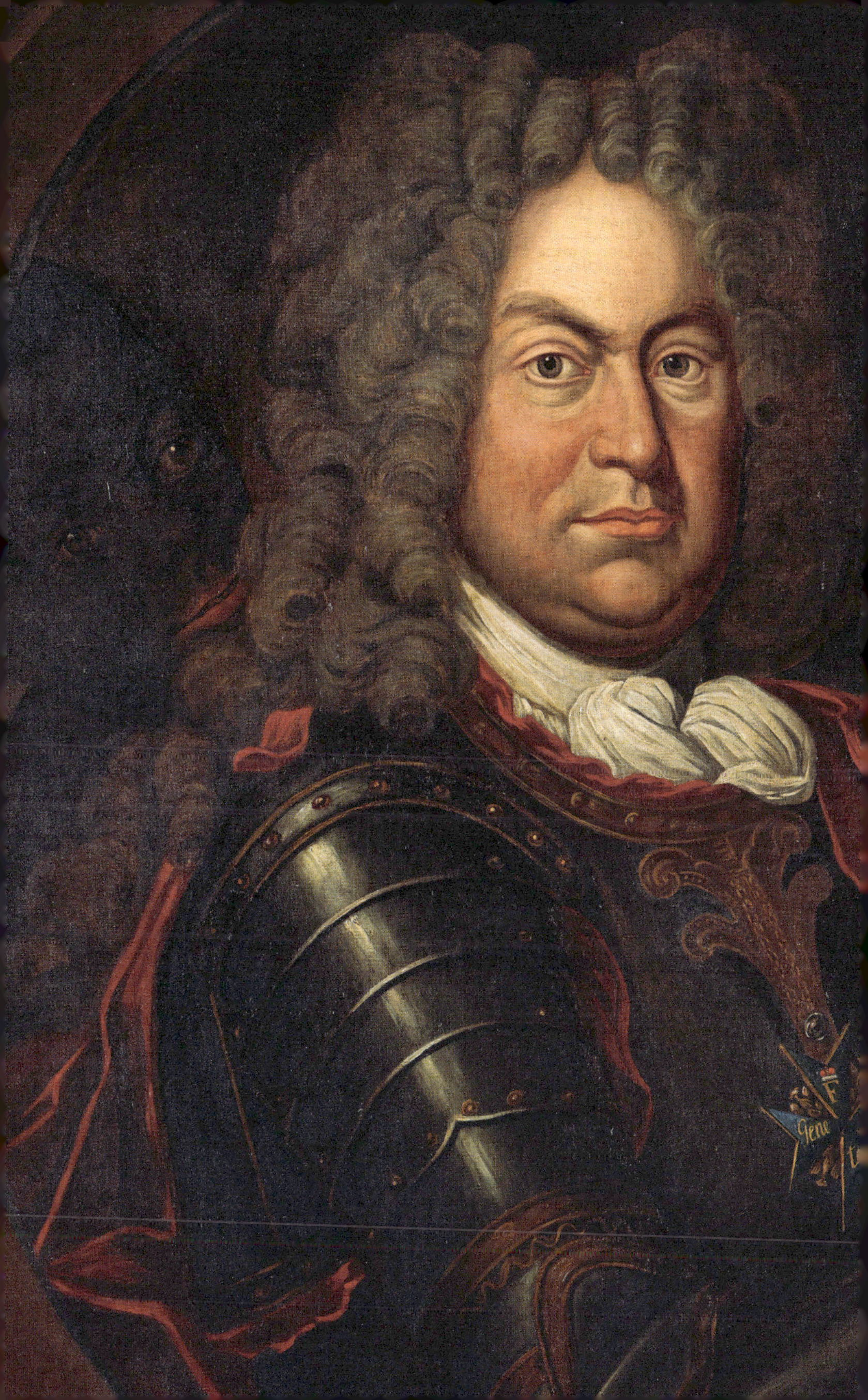

Otto Friedrich von der Groeben an der Westküste Afrikas

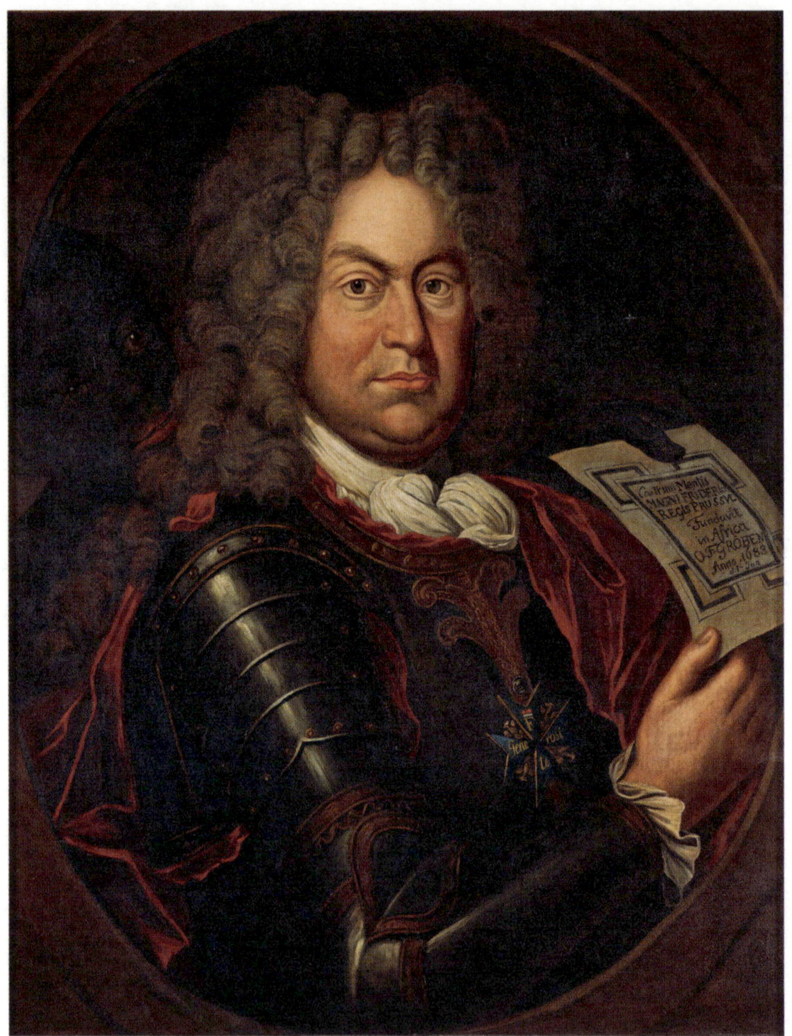

Abb. 1　H. Verwiebe nach Unbekannt (um 1701)
Bildnis Otto Friedrich von der Groeben (1656–1728)
19. Jahrhundert, Öl auf Leinwand, 84 × 66 cm
SPSG, GK I 9302, Schloss Oranienburg

Das Bildnis zeigt Otto Friedrich Graf von der Groeben, der als Gründer der im heutigen Ghana gelegenen Festung Großfriedrichsburg Bekanntheit erlangte. Das im Format des Bruststücks ausgeführte Porträt gibt ihn in Rüstung und mit dem kurbrandenburgischen Orden de la Générosité wieder.

Von der Groeben war 1681 in die Dienste des Kurfürsten Friedrich Wilhelm von Brandenburg getreten, der ihm im Mai 1682 die Leitung einer brandenburgischen Afrika-Expedition übertrug.[1] Ziel war es, Brandenburg neben England, den Niederlanden und Spanien als Handelsmacht im Überseehandel zu etablieren. Hierfür sollten Handelsstützpunkte in Afrika errichtet werden. Er startete mit zwei Schiffen Richtung Afrika und ließ am 1. Januar 1683 die kurbrandenburgische Flagge auf afrikanischem Boden hissen. Bald darauf begann man an der westafrikanischen Küste mit dem Bau der Festung Großfriedrichsburg. Die Brandenburgisch-Afrikanische Compagnie beteiligte sich seit 1682 am Handel mit Gold, Elfenbein und Gummi, aber auch dem Handel mit Menschen.[2] In Erwartung großer Gewinne verschiffte Brandenburg-Preußen in den folgenden Jahrzehnten insgesamt zwischen 10 000 bis zu 30 000 versklavte Afrikaner:innen.[3]

Verschiedene Elemente im Bildnis verweisen auf von der Groebens Tätigkeit für den Kurfürsten: So hält er den Grundriss der Festung Großfriedrichsburg in seiner Rechten, den er einem afrikanischen Mann überreicht. Die Inschrift auf dem Grundriss verweist auf die Beschlagnahmung des afrikanischen Territoriums im Namen des Kurfürsten am 1. Januar 1683 und die Gründung der Festung. Ein noch im Januar geschlossener Vertrag zwischen Brandenburg und den afrikanischen Einwohner:innen besagte unter anderem, dass das Fort ihnen Schutz zur Abwehr von Angriffen anderer Handelsnationen oder anderer afrikanischer Ethnien bieten sollte.[4] Im Gegenzug sicherten sie Kurbrandenburg das exklusive Handelsrecht zu. So ist auch die im Bild gezeigte Handlung zu verstehen: Von der Groeben überreicht den Grundriss der Festung als Sinnbild für den angeblichen Schutz, den Brandenburg den Afrikaner:innen mit der Errichtung der Festung zusicherte. Der afrikanische Mann im Bild trägt im Gegensatz zu von der Groeben keine Porträtzüge und ist nicht als Individuum zu erkennen. Im Bild steht er stellvertretend für die Bevölkerung des afrikanischen Gebiets, auf dem Brandenburg seinen Handelsstützpunkt errichtete.

| ALEXANDRA NINA BAUER

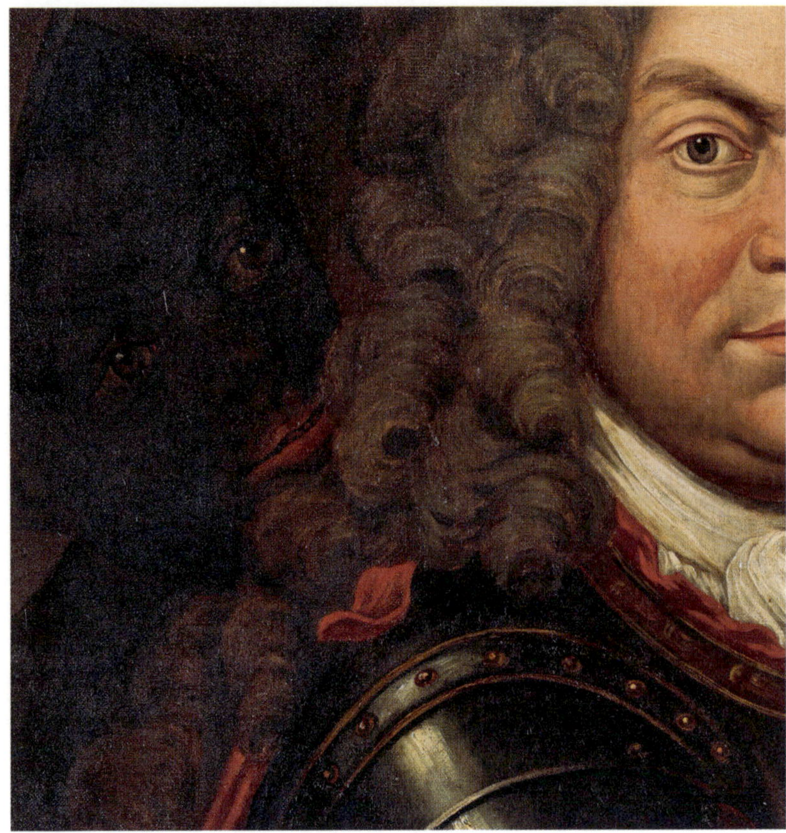

Der Widerstand
von Jan Conny

Im Gegensatz zu Otto Friedrich von der Groeben ist von Jan Conny kein
Porträt überliefert. Conny war ein aus dem Gebiet des heutigen Ghana
stammender Kaufmann, der für Preußens Kolonialbestrebungen eine
wichtige Rolle spielte. In britischen, französischen, deutschen und
niederländischen Berichten trägt Conny je einen anderen Vornamen.
Einzelheiten seines Lebens, wie Geburts- und Todesdatum oder seinen
Geburtsnamen, sucht man in historischen Aufzeichnungen vergebens.
In Darstellungen steht in der Regel die Rolle im Vordergrund, die Conny
während der kolonialen Präsenz Brandenburgs an der Goldküste Ghanas spielte. In außereuropäischen Aufzeichnungen, insbesondere aus
der Karibik, erinnert der alljährlich stattfindende *Junkanoo*-Karneval
an Conny, dem in der Kolonialgeschichte Preußens größere Bedeutung
zukommt, als aus bisherigen Erzählungen hervorgeht.

Jan Conny, auch »Conny der Große« genannt, begegnete den Kolonisten Brandenburgs, als diese an der Goldküste eintrafen, um Großfriedrichsburg im heutigen Ghana gründen. Hier begannen die Kolonialbestrebungen Brandenburgs (später Preußens) in Afrika.[5] Nach
ihrem Eintreffen unterzeichneten Vertreter der BAC ein Abkommen
mit »drei afrikanischen Prinzen«, das die Errichtung einer Festung
und drei exklusiver Handelshäfen ermöglichte.[6] Am Hof in Berlin
hoffte man, dass die Festung die Ausfuhr von Gold, einer der begehr-
testen Ressourcen Ghanas, ermöglichen würde.

In historischen Aufzeichnungen deutscher Sprache erscheint
Conny als wichtigster Vertreter Brandenburgs. Gleichzeitig bedrohte
Brandenburg, wie auch die Niederlande und das britische Empire,
Land, Ressourcen und Lebensgrundlagen der indigenen Bevölkerung.
Als die brandenburgischen Kolonisten eintrafen, hatten sich viele
Stämme bereits der Niederländer und Briten erwehrt, die hier seit
Jahrzehnten Ressourcen abbauten.

Diese Stämme hofften, dass die Gründung einer brandenburgischen Kolonie zur Schwächung des niederländischen Kolonialstütz-
punkts in der Region beitragen würde. Die von Conny betriebene
Annäherung an die Kolonisten wird hier als Form des Widerstands
gegen den europäischen Kolonialismus gesehen. Obwohl Conny die
kolonialen Aktivitäten Brandenburgs unterstützte, findet der Widerstand gegen den europäischen Kolonialismus, den er und sein Stamm
leisteten, in der brandenburgischen und preußischen Geschichtsschreibung keine Berücksichtigung.

Als Preußen Großfriedrichsburg 1718 an die Niederländer verkaufte, stellte Conny sich gegen diese Abtretung, weil er unbedingt
einen Ausbau der niederländischen Präsenz in der Region verhindern
wollte.[7] Mit einer Armee von 20 000 Soldaten kämpfte er vier Jahre
lang gegen die Niederländer, wurde allerdings 1724 zur Kapitulation
gezwungen.

| HATEM HEGAB

| 1 Vgl. Schück 1889, Bd. 2, S. 133 f. | 2 Vgl. Van der Heyden 1993 und Weindl 2001.
| 3 Zuletzt: Leschke 2019, S. 7. | 4 Vgl. Schück 1889, Bd. 2, S. 155 – 157. | 5 Vgl. Zaugg 2018,
S. 43. | 6 Peters 1986, S. 9. | 7 Vgl. Mallinckrodt 2016, S. 114.

10

DAS TABAKS-KOLLEGIUM FRIEDRICHS I.

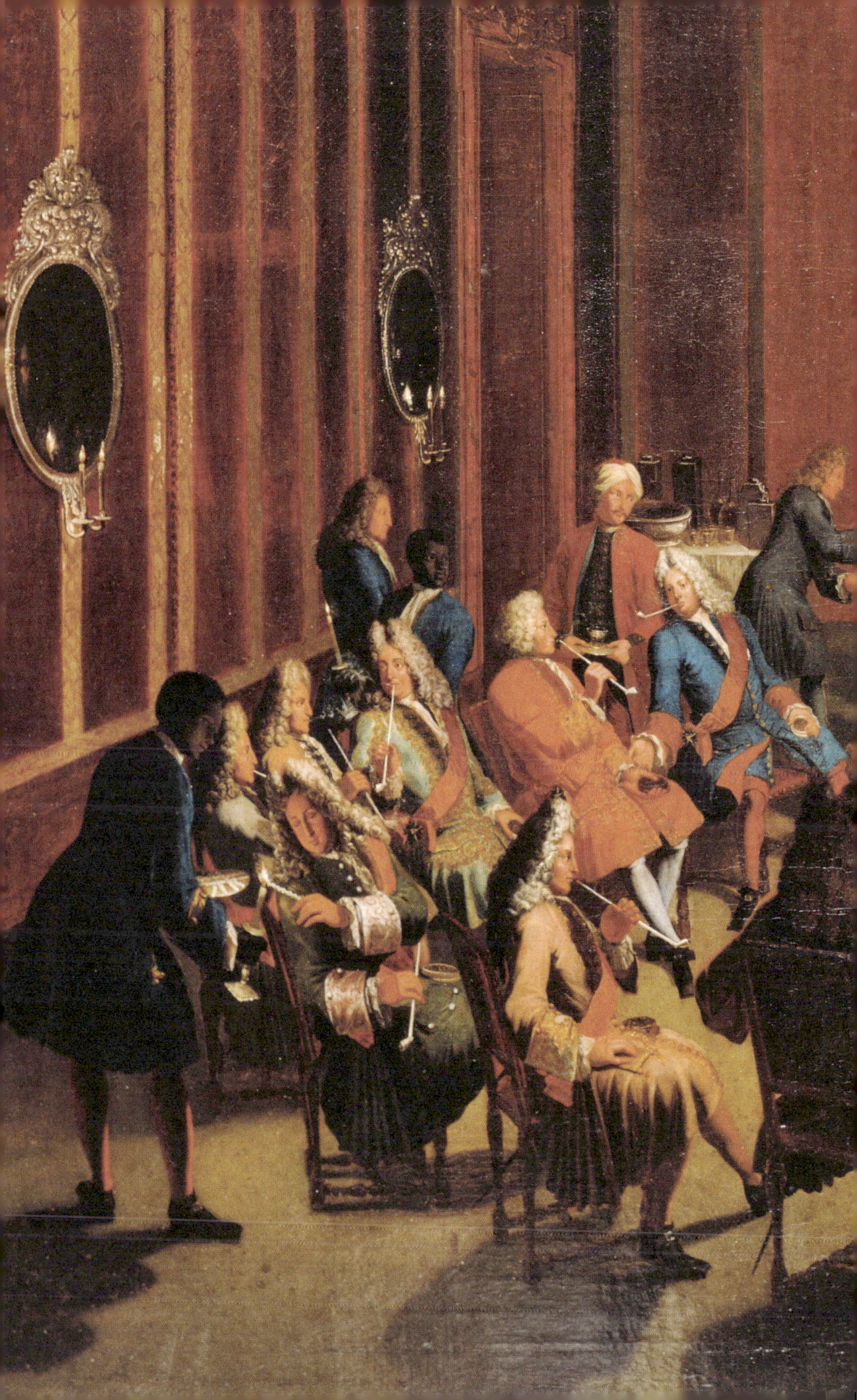

Die Personen in Leygebes *Tabakskollegium*

Zu abendlicher Stunde haben sich in der *Drap-D'or-Kammer* des Berliner Schlosses verschiedene ranghohe Mitglieder des preußischen Königshofs versammelt. In dem nur wenige Jahre zuvor prunkvoll ausgestatteten Raum beriet sich der König tagsüber mit den wichtigsten Regierungsgremien: dem Wirklichen Geheimen Rat und dem Wirklichen Geheimen Kriegsrat. Während der letzten Regierungsjahre Friedrichs I. fand hier abends zudem das *Tabakskollegium* statt. Das gemeinsame Rauchen war 1709 vom König in Zeiten der Pest zur gesundheitlichen Prävention eingeführt worden.[1]

Auf prunkvollen Fauteuils sitzen zentral der König und seine dritte Gattin Sophie Luise von Mecklenburg, die ihm eine Tonpfeife ansteckt. Links daneben erkennt man Kronprinz Friedrich Wilhelm und drei Halbbrüder des Königs aus der Linie Brandenburg-Schwedt,

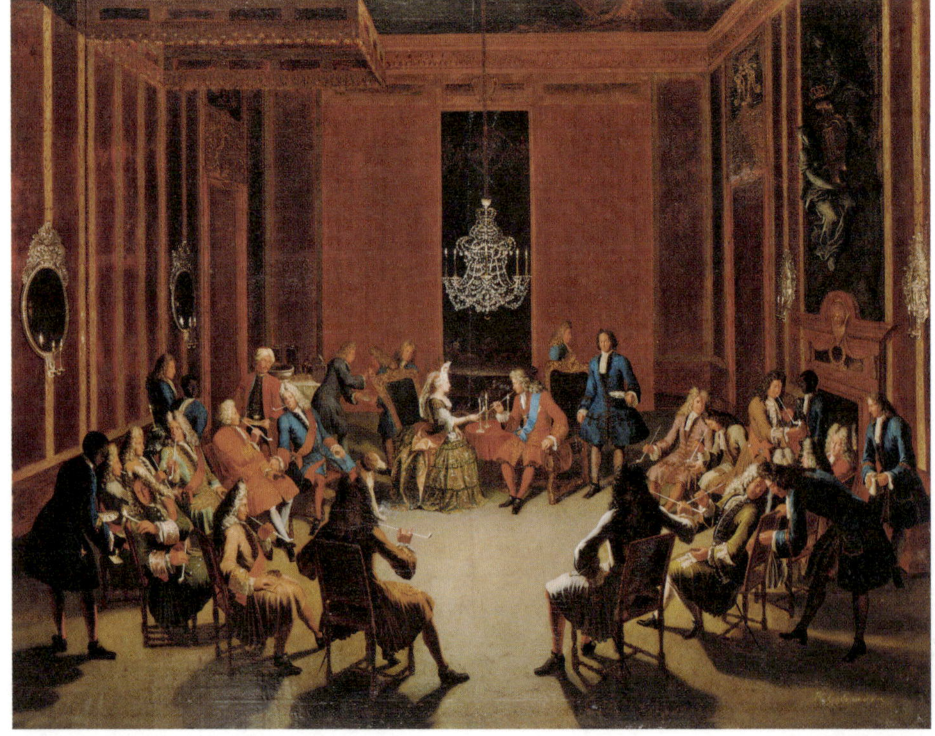

Abb. 1   Paul Carl Leygebe
Das Tabakskollegium Friedrichs I., um 1710
Öl auf Leinwand, 131 × 166 cm
SPSG, GK I 1556, Schloss Charlottenburg

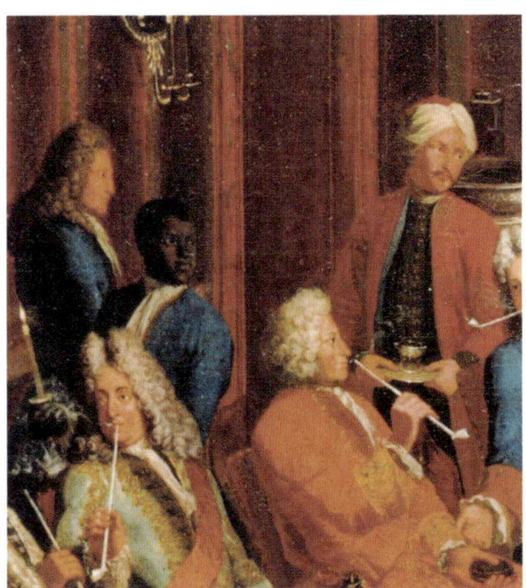

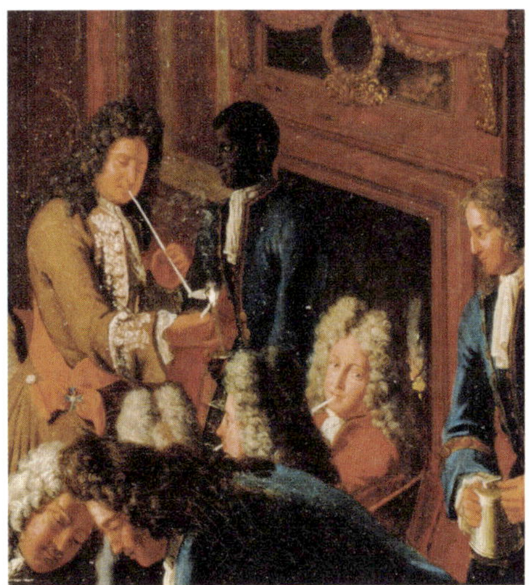

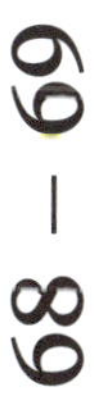

Details aus Abb. 1

sowie die Wirklichen Geheimen Räte. Die Runde wird von zahlreichen Personen bedient, darunter ein mit Turban gezeigter sogenannter *Kammertürke* sowie drei Schwarze Männer, die Getränke sowie Anzünder und Kerzen für die Pfeifen reichen. Am Hof Friedrichs I. wurden um 1710 mehrere Schwarze Bedienstete als sogenannte Kammerm_ beschäftigt. Da dies jedoch keine festgelegte Position im höfischen Gefüge beinhaltete, variierten Tätigkeit und Gehalt. Wie andere Diener erhielten sie turnusmäßig eine Livree, Kost- und Wohngeld. Bei einem der im Bild gezeigten Schwarzen Diener könnte es sich um den aus Afrika stammenden Friedrich Wilhelm handeln, dessen Geburtsname nicht überliefert ist. In jungem Alter war er in den 1680er-Jahren an den Berliner Hof gekommen, lernte Lesen und Schreiben und wurde 1685 unter der Patenschaft des Kurprinzen getauft. Er begann seine Laufbahn als Lakai und rangierte um 1710 unter den Pagen, erhielt jedoch ein wesentlich höheres Jahresgehalt von fast 500 Talern,[2] war verheiratet und hatte einen eigenen Diener sowie eigene Pferde.[3]

In der Darstellung des *Tabakskollegiums* war es dem Auftraggeber nicht wichtig, alle Personen in Form eines Gruppenbildnisses wiedererkennbar werden zu lassen. Es waren eher der Stolz auf die kostbare Neuausstattung des Raumes in Kombination mit der Wiedergabe des an europäischen Höfen noch unbekannten Brauchs des gemeinsamen Tabaksgenusses in inoffizieller Runde sowie die Bedienung durch Menschen fremder Herkunft, die hier in Form eines Ereignisbilds thematisiert wurden.

| ALEXANDRA NINA BAUER

Schwarze Diener in Berlin Anfang des 18. Jahrhunderts

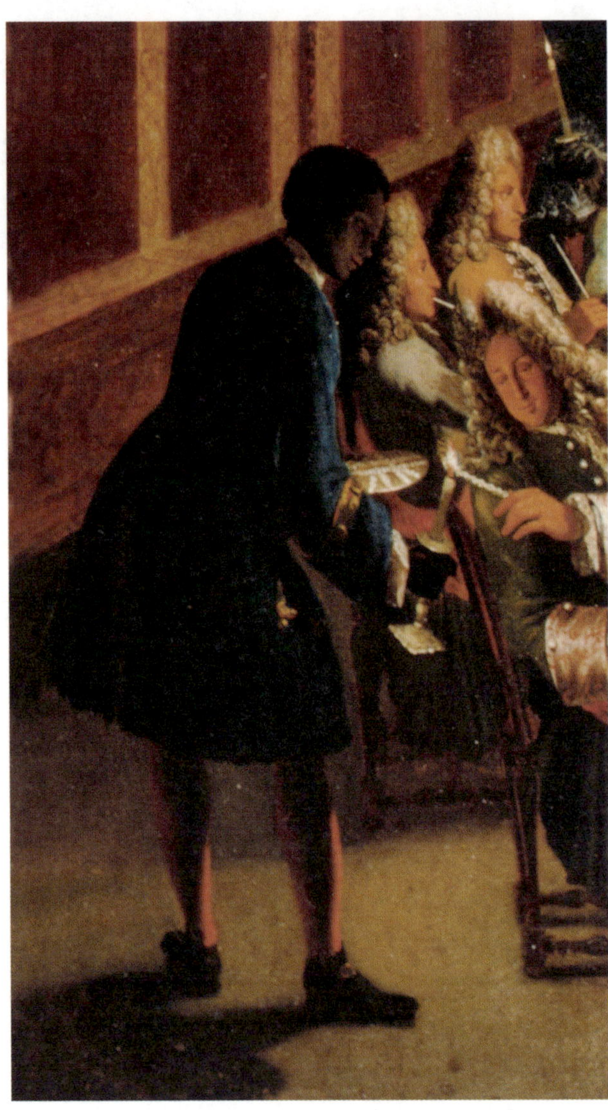

Detail aus Abb. 1

Friedrich oder Friedrich Wilhelm, die Namen, die wir von den Schwarzen Dienern im Tabakskollegium kennen, sind Taufnamen, die sie während einer Taufzeremonie erhielten. In anderen Fällen kennen wir ihre Namen, unter denen sie vor der Taufe bekannt waren, wie beispielsweise Cupido und Parcque.[4] Auch diese waren sehr wahrscheinlich nicht ihre Geburtsnamen. Der Versklavungshandel löschte die Identität der Personen, die sie vor ihrer Verschleppung hatten, in den meisten Fällen aus.

Die Positionen der aus Afrika stammenden Menschen am Hof änderten sich entsprechend den Vorstellungen des jeweiligen Herrschers. So stellten Kurfürst Friedrich Wilhelm und sein Nachfolger sie als Bedienstete am Hof an.[5] Im Gegensatz zu seinen Vorgängern setzte Friedrich Wilhelm I. sie mehrheitlich im Regiment ein.[6] Auch sein Sohn, Friedrich II., demonstrierte seine militärische Macht, indem er sie als im Regiment angestellte Pfeifenspieler und Pauker mit Ohrenschmuck und Halsringen auftreten ließ.[7]

Die aufgezwungenen Rollen waren für Schwarze Personen die einzige Möglichkeit, eine Stellung am Hof innezuhaben. Nur in seltenen Fällen kann eine der Archivalien die Stimme der betreffenden Person hinter diesen Rollen wiedergeben, wie es beispielsweise der Brief von Statius Frieso vermag. In diesem Brief aus dem Jahr 1710 bittet er den König, aus dem Dienst entlassen zu werden, um eine wohlhabende Berlinerin aus guter Familie, wie er hervorhebt, zu heiraten. Sich selbst bezeichnet er als »fremdling«.[8] Er reflektiert in diesem Brief seine Entwurzelung und stellt dies in Opposition zu seinem gesellschaftlichen Aufstieg.

Andere Personen, wie beispielsweise der vorher am Bayreuther Hof lebende Friedrich Christian, dessen »üble[s]« Verhalten angeprangert worden war, wurden abgewiesen. Er und seine Söhne, die Anstellung am preußischen Hof suchten, wurden danach in den Aufzeichnungen des Hofes nicht mehr erwähnt.[9] Ein solcher Eintrag über vermeintlich »üble« Verhaltensweisen kann auch als Widerstand verschleppter Personen gegen ein System gelesen werden, das ihnen Heimat und Freiheit genommen hatte.[10] Die Archivalien erzählen nur indirekt durch solche Hinweise über Integration und Widerstand von Schwarzen Menschen am Hof und davon, welcher Diskriminierung sie ausgesetzt waren. Eine historische Aufarbeitung der Leben von Schwarzen Menschen am Hof allein auf der Grundlage von Archivalien ist daher nur einseitig.

| CAROLIN ALFF

| 1 Vgl. Droysen 1915, S. 69 und Ausst.-Kat. Berlin 2001, S. 182. | 2 Vgl. Förster 1834, S. 63. | 3 Vgl. Becker 2012, S. 9. | 4 EZAB, KB, Berlin-Kreuzberg, Dreifaltigkeit, Taufen 1739–1800, S. 44, Lfd. Nr. 17. – EZAB, KB, Berlin-Stadt I, Oberpfarr- und Domkirche zu Berlin, Taufen 1701–1709, S. 84, Lfd. Nr. 110 [27.12.1703]. | 5 Vgl. Theilig 2013, S. 73f. – Becker 2012, S. 2, 9. | 6 Vgl. Kloosterhuis 2003, S. 161. – Martin 1993, S. 124. | 7 Vgl. Martin 1993, S. 125. – Panoff 1938, S. 79. | 8 GStA PK, I. HA GR, Rep. 36, Nr. 304, fol. 13r–14v. | 9 GStA PK, I. HA GR, Rep. 36, Nr. 304, fol. 19r. | 10 Vgl. Mallinckrodt 2016, S. 130.

BILDNISSE VON KINDERN

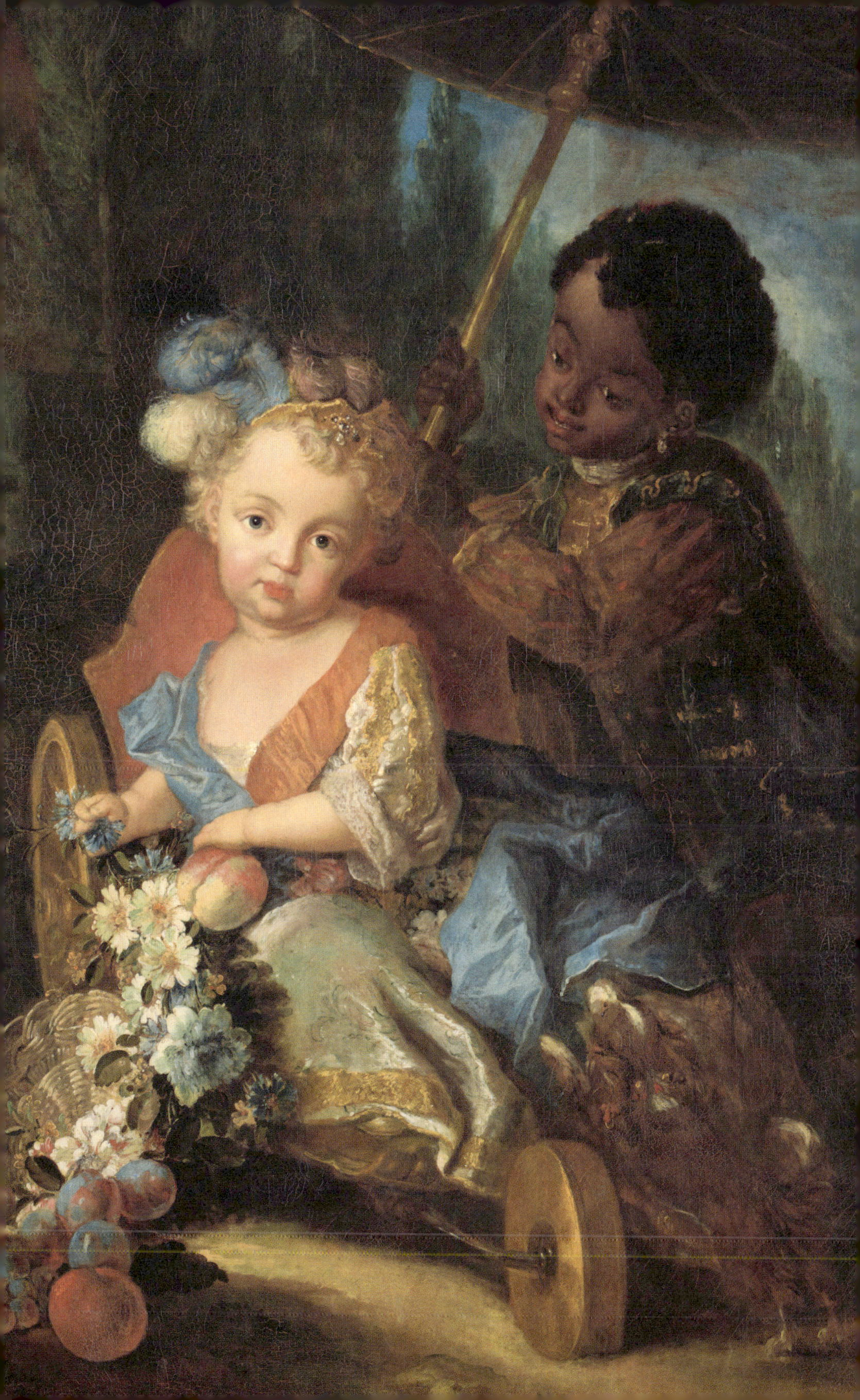

11

Preußische Prinzen und Prinzessinnen

Antoine Pesne wurde im Februar 1711 zum Hofmaler ernannt und
porträtierte seitdem viele Mitglieder des preußischen Hofes.
Die beiden von ihm vor einer Gartenkulisse dargestellten Kinder,
ein preußischer Prinz und sein Schwarzer Begleiter, lassen sich
nicht eindeutig identifizieren. Bei dem Kind im dreirädrigen Kinder-
Gartenwagen handelt es sich wohl um Prinz Friedrich Wilhelm,
der etwas länger als elf Monate lebte.[1]

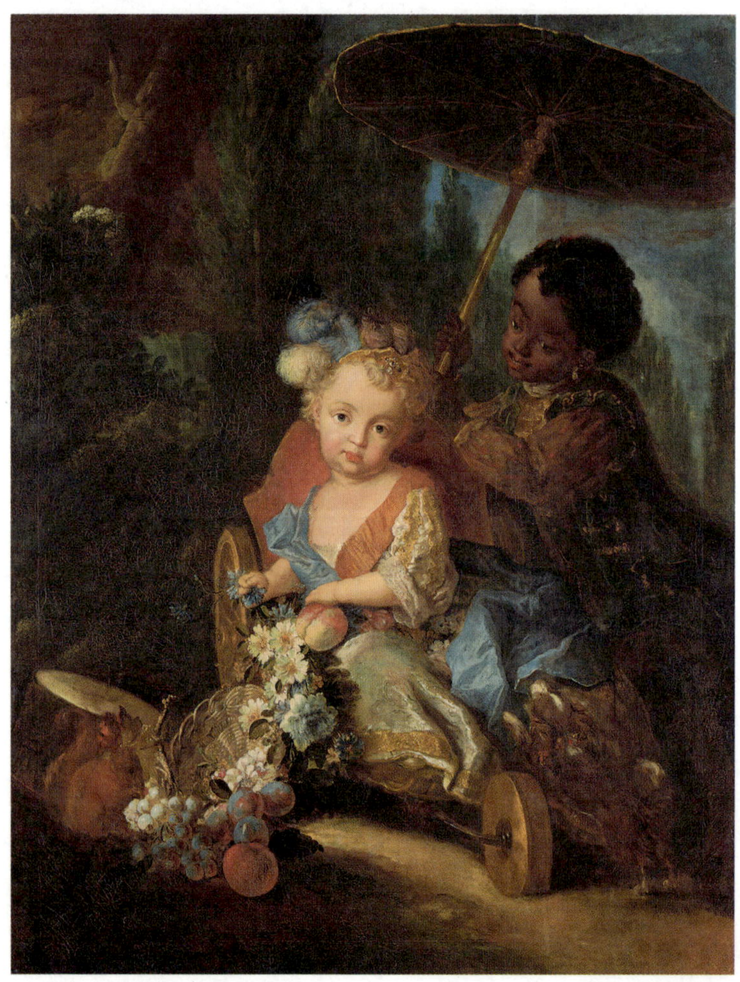

Abb. 1   Antoine Pesne und Jean-Baptiste Gayot Dubuisson (?)
Friedrich Wilhelm Prinz von Preußen (1710 – 1711)
im Gartenwagen mit Schwarzem Diener, 1711
Öl auf Leinwand, 140 × 110 cm
SPSG, GK I 3424, Schloss Charlottenburg

Der Prinz trägt über seinem mit Goldborten verzierten Seidenkleidchen die orangefarbene Schärpe des preußischen Schwarzen-Adler-Ordens, den die preußischen Prinzen mit ihrer Geburt verliehen bekamen. Das etwas ältere Schwarze Kind hinter dem Wagen, das den kleinen Prinzen beschirmt, ist mit seiner Livree, den gestreiften Ärmeln seines Hemdes und dem Schirm als Diener gekennzeichnet. Mit dem Metallhalsband, Sonnenschirm und Ohrring trägt er Attribute, die an europäischen Höfen häufig bei den Darstellungen Schwarzer Personen anzutreffen sind. Vor dem Wagen begrüßt ein kleiner Hund den Prinzen, neben ihm ergießt sich dekorativ der üppige Inhalt eines Korbes, Früchte und Blumen, auf den Boden. Dahinter sitzt ein Eichhörnchen neben einer Trommel. Dieses Stillleben könnte der darauf spezialisierte Schwiegervater Pesnes, Jean-Baptiste Dubuisson, beigetragen haben, der mit Pesne nach Berlin gekommen war und häufiger mit ihm zusammenarbeitete.

Siehe Abb. 2

Das Geschwisterpaar, die fünfjährige Wilhelmine und der zweijährige Friedrich, befindet sich in einem Außenraum mit einem königlichen Wagen und Wachtposten neben einem Triumphbogen.[2] Ihre Kleidung beschreibt die beiden als Fürstenkinder. Friedrich trägt ein blausamtenes, an eine Uniform erinnerndes Kleid mit dem Ordensstern des preußischen Schwarzen-Adler-Ordens auf der Brust und der orangefarbenen Schärpe des Ordens darüber. Außerdem hat er eine mit dem preußischen Wappen verzierte Kindertrommel umgebunden und hält Trommelstöcke in den Händen. Wilhelmine ist mit einem hellen, aufwendig mit Goldstickerei verzierten Seidenkleid mit engem Mieder und rotem Hermelinmantel bekleidet.

Offenbar strebt Friedrich, begleitet von der Bewegung eines Hundes, zu dem hell aufscheinenden Licht hinter dem mit Trophäen geschmückten Tor. Seine rechte Hand mit dem Trommelstab, den er wie einen Kommandostab hält, deutet in diese Richtung und verweist damit zugleich auf seine zukünftige Rolle als oberster Feldherr. Wilhelmine verkörpert, mit einem Blumenkorb in der Hand und mit einer Girlande geschmückt, seinen weiblichen Gegenpart. Sie legt ihre Hand auf seine Linke und hält ihn so zurück.

Der Schwarze Kammerdiener hinter Wilhelmine trägt eine gestreifte Livree und einen silberfarbenen Halsring. Er hält einen Schirm und einen Papagei, Motive, die in europäischen Illustrationen von Afrika-Reiseberichten verbreitet waren und als gängige Attribute verwendet wurden. Pesne setzte den dunklen Hautton gezielt zu dem Wilhelmines in Kontrast und betonte damit ihren damals als vornehm geltenden rosigen Teint. Außerdem tritt durch die dienende Position des Schwarzen Jungen die ihre als eine herrschende hervor.

| FRANZISKA WINDT

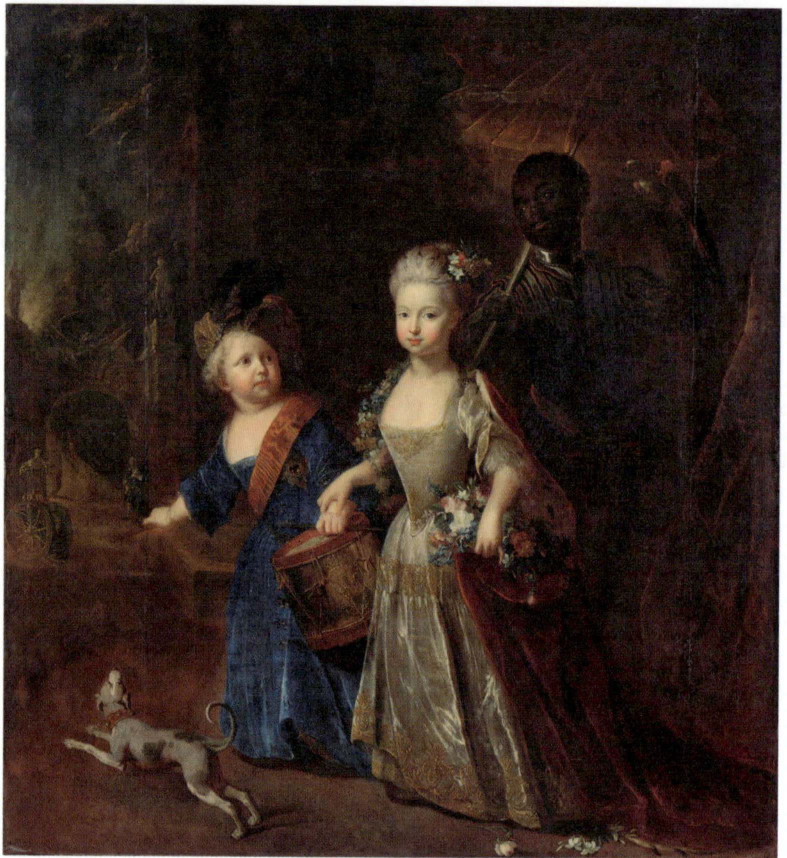

Abb. 2 Antoine Pesne
Wilhelmine von Preußen mit ihrem Bruder Friedrich, später Friedrich II. von Preußen, mit einem Schwarzen Kammerdiener, 1714
Öl auf Leinwand, 174 × 163 cm
SPSG, GK I 3418, Schloss Charlottenburg

Schwarze Kinder am preußischen Hof

Auch wenn wir nicht genau nachweisen können, wer die Person war, die hinter dem Prinzen im Gartenwagen steht oder hinter Friedrich und Wilhelmine zu sehen ist, so gibt es Hinweise auf Biografien zeitgleich am Hofe lebender Schwarzer Bediensteter. 1711 lebten mindestens zwei Schwarze Kinder am Hof. Maria Elisabeth Rethin, die Frau des Schwarzen Kammerdieners Friedrich Wilhelm, erhielt 1,5 Taler wöchentlich und zusätzlich 80 Taler vom König, um diese Kinder am Hof neben ihren eigenen zu versorgen und ihnen Obdach zu geben.[3] Eines dieser Kinder könnte Abraham (Taufe 1702) gewesen sein, der nach seiner Taufe Friedrich Wilhelm genannt wurde. Er wurde im Berliner Dom vom Hofprediger Benjamin Ursinus getauft.[4]

Es waren oft Schwarze Kinder, die an den Hof verschleppt wurden. Ihre Taufe erfolgte erst, nachdem sie im christlich reformierten Glauben unterrichtet worden waren.[5] Mit der Taufe und der christlichen Erziehung legitimierte der preußische Hof den Erwerb von Menschen, da die Kinder aus damaliger Sicht durch die Missionierung zum christlichen Glauben vor dem Heidentum gerettet wurden. Der Unterricht galt also nicht ihrer beruflichen Ausbildung, sondern einer religiösen Erziehung, der sie folgen mussten. Rethin und ihr Mann Friedrich Wilhelm, der aus Guinea verschleppt und 1685 getauft wurde, bekamen zwischen 1706 und 1711 jeweils zwei Töchter und Söhne. Einer der Söhne, Friedrich Ludwig, könnte aufgrund seines Alters auch der Junge hinter dem Gartenwagen im Bild von Antoine Pesne gewesen sein. Die Taufpaten kamen aus der königlichen Familie und ihrem Umkreis am Hof und im Militär.[6] Darin spiegelte sich das hohe Ansehen des Kammerdieners am Hof wider, aber auch seine große Abhängigkeit vom Willen des Königs.

Andere People of Colour am Hof ließen aus ihrem Umfeld Taufpat:innen bestellen. Im Fall der Taufe von Sophia Amalia de Cussi 1698 gehörten dazu Handwerker und Maler.[7] Ihr Vater wurde aus Guinea an den Hof gebracht und von 1681 bis 1684 auf Kosten der Kurfürstin zum Maler ausgebildet.[8] Unter den Taufpat:innen war auch der Hofmaler Paul Leygebe, der 1710 das *Tabakskollegium* gemalt hatte, sowie Friedrich Wilhelm, der Schwarze Kammerdiener.[9] Bei der Taufe von Christina Elisabeth Adolph, der Tochter eines Kammerdieners namens Ebnu, stand unter anderem eine Schwarze Kammerdienerin Patin.[10] Wie diese Patenschaften belegen, bestand unter den Schwarzen Personen am Hof Kontakt und gegenseitige Unterstützung.

| CAROLIN ALFF

| 1 Vgl. Seidel 1911, vor S. 23. – Berckenhagen 1958, S. 138, Nr. 123 b. – Börsch-Supan dagegen nimmt an, es handele sich um den im Alter von ca. sechs Monaten verstorbenen Prinz Friedrich Ludwig (1707–1708). Vgl. Börsch-Supan 1982, S. 17–19. | 2 Zur Datierung des Gemäldes siehe Börsch-Supan 1982, S. 28. | 3 GStA PK, I. HA GR, Rep. 36, Nr. 304, fol. 12–13. | 4 EZAB, KB, Berlin-Stadt I, Oberpfarr- und Domkirche zu Berlin, Taufen 1701–1709, S. 35, Lfd. Nr. 20 [9. 2. 1702]. | 5 Vgl. Theilig 2013, S. 59. | 6 EZAB, KB, Berlin-Stadt I, Oberpfarr- und Domkirche zu Berlin, Taufen 1701–1709, S. 195, Lfd. Nr. 11 [3. 2. 1708]. | 7 EZAB, KB, Berlin-Stadt I, Oberpfarr- und Domkirche zu Berlin, Taufen 1695–1700, S. 266, Lfd. Nr. 38 [10. 6. 1698]. | 8 Vgl. Nicolai 1786, S. 44, 47. – Becker 2012, S. 19. | 9 EZAB, KB, Berlin-Stadt I, Oberpfarr- und Domkirche zu Berlin, Taufen 1695–1700, S. 266, Lfd. Nr. 38. | 10 EZAB, KB, Berlin-Stadt I, Oberpfarr- und Domkirche zu Berlin, Taufen 1701–1709, S. 37, Lfd. Nr. 29 [24. 3. 1702]. – Vgl. Van der Heyden 2008, S. 14.

12

CARL FRIEDRICH ALBRECHT MARKGRAF VON BRANDENBURG-SCHWEDT MIT SCHWARZEM DIENER

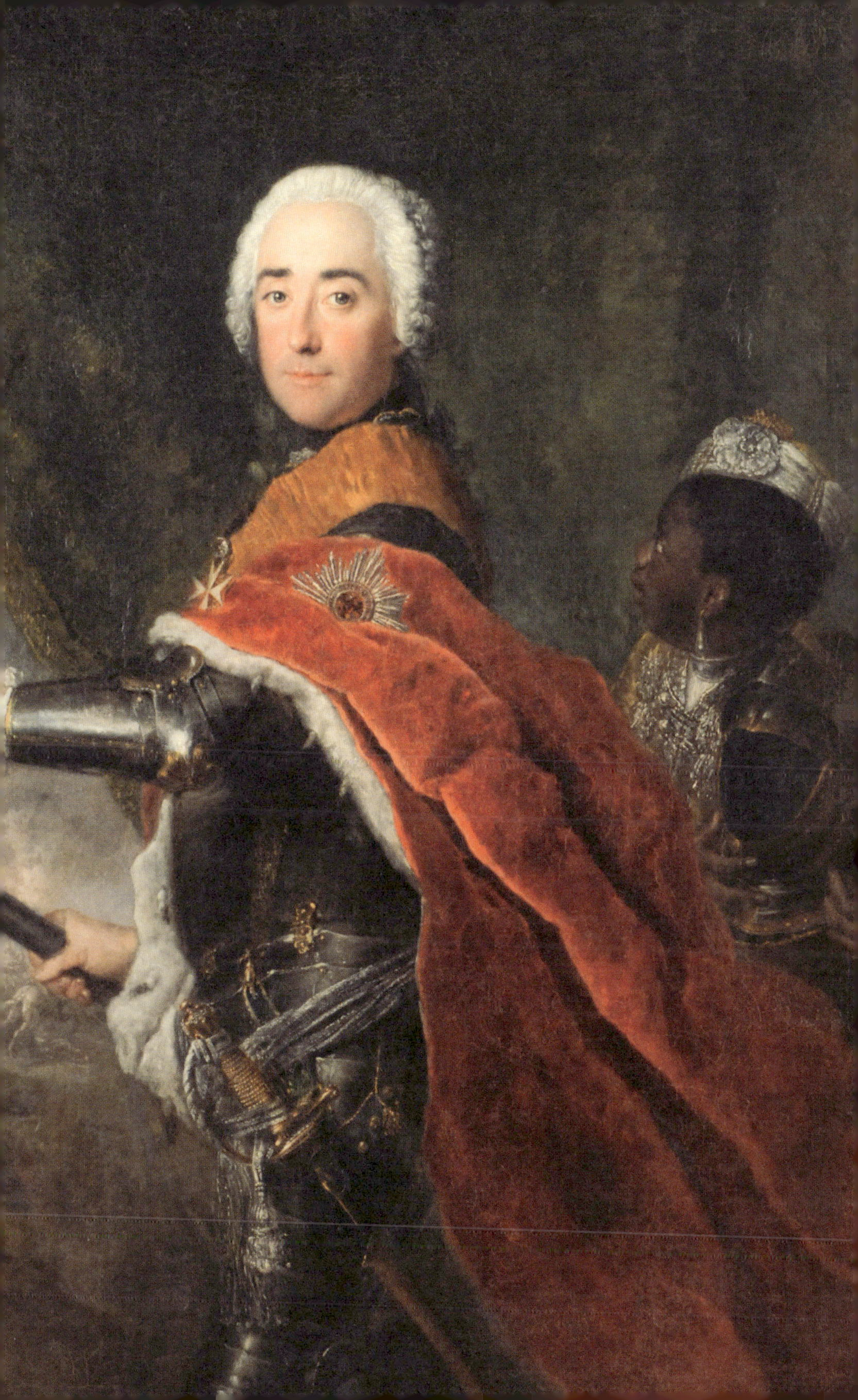

Das Silberhalsband — Zeichen der Macht und Unterdrückung

Der Page neben Markgraf Carl Friedrich Albrecht von Brandenburg-Schwedt trägt eine prächtige Livree aus gelbem Atlas. Die silbernen Quasten seiner Bekleidung glänzen ebenso im Licht wie das metallene Halsband, ein Symbol seiner Versklavung. Letzteres wird nicht versteckt, sondern geradezu durch den Glanz in Helm und Rüstung des Markgrafen in Szene gesetzt. Carl Albrecht, im Zentrum des Bildes stehend, hält den Marschallstab in einer Hand und weist mit der anderen auf das kriegerische Geschehen im Hintergrund. Auf seinem Umhang ist der Stern des Johanniterordens der Ballei Brandenburg gestickt, in der er 1731 zum Herrenmeister gewählt wurde.[1]

Antoine Pesne porträtierte den Markgrafen und seinen Pagen in einer damals häufig verwendeten Bildkomposition: Der Herrschende steht im Vordergrund und der ihm assistierende Schwarze Diener im Hintergrund.[2] Auch andere Fürsten, wie die Herzöge von Sachsen-Gotha-Altenburg, verwendeten diese Art der bildlichen Inszenierung. Sie gehörte im 17. Jahrhundert und in der ersten Hälfte des 18. Jahrhunderts zum ABC höfischer Machtdemonstration.

Die in diesem und vergleichbaren Porträts hinter europäischen Fürsten und Fürstinnen abgebildeten Personen lassen sich nur schwer identifizieren. Durch die Abbildungen kann nicht direkt auf das Alter, die Position und den Rechtsstatus der Personen geschlossen werden. Die Gemälde können jedoch als Indizien für die Existenz versklavter und freier Schwarzer Menschen oder People of Colour am Hof gewertet werden.

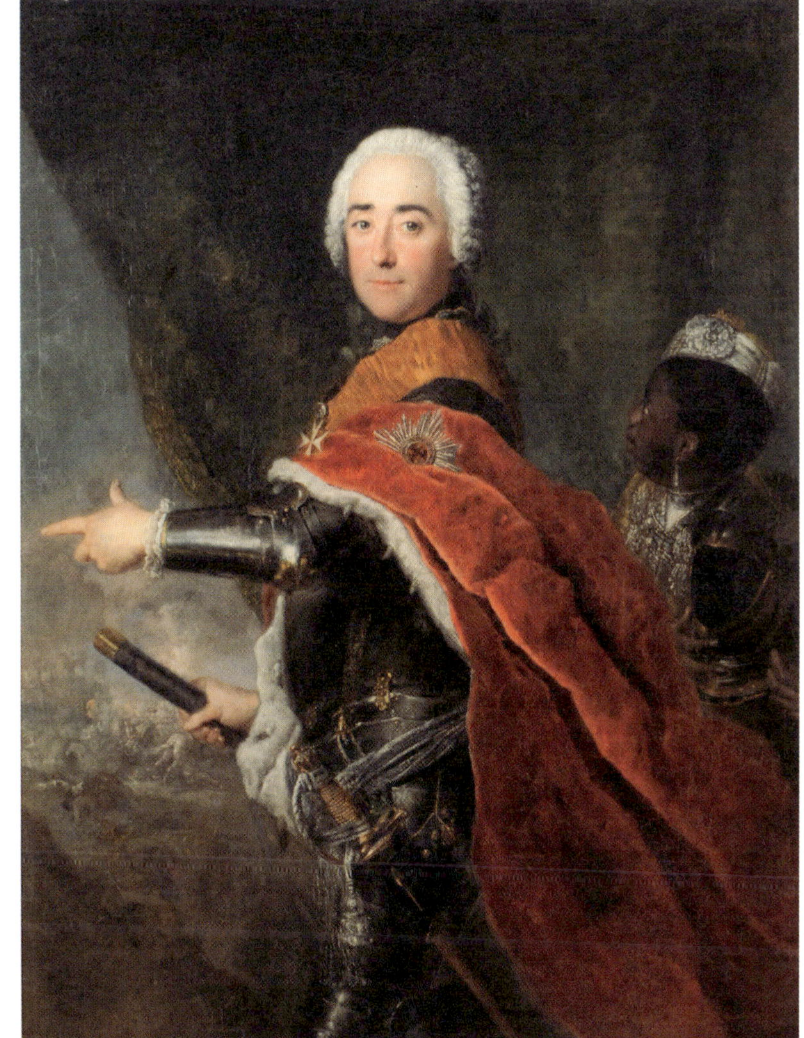

Abb. 1 Antoine Pesne, *Carl Friedrich Albrecht Markgraf von Brandenburg-Schwedt (1705–1762) mit Schwarzem Diener*, um 1745
Öl auf Leinwand, 140 × 108 cm
SPSG, GK I 30192, Schloss Charlottenburg

Den Markgrafen bedienten zahlreiche aus Afrika stammende Menschen.[3] Ob oder wie er sie erworben hatte, lässt sich nicht für einzelne Personen belegen. Bekannt ist jedoch der Ankauf von zwei jungen Männern in Amsterdam, der von Friedrich II. beauftragt wurde. Diese zwei Jungen, einer von ihnen Coridon oder Guridon genannt, wurden für 633 Gulden und 12 Sols erworben und nach Preußen gebracht.[4] Dem König wurden der Transport und die Kleidung in Rechnung gestellt.[5] Von einem weiteren Fall ist bekannt, in dem Friedrich Wilhelm I. unter anderem einen Jungen namens Pampi mit »Silberhalsband« ankaufen ließ.[6] Die Sklavenbänder – wie im Porträt dargestellt – haben also existiert und sind nicht nur symbolische Bildmotive für Macht und Unterdrückung.

| CAROLIN ALFF

Schwarze Menschen in Brandenburg

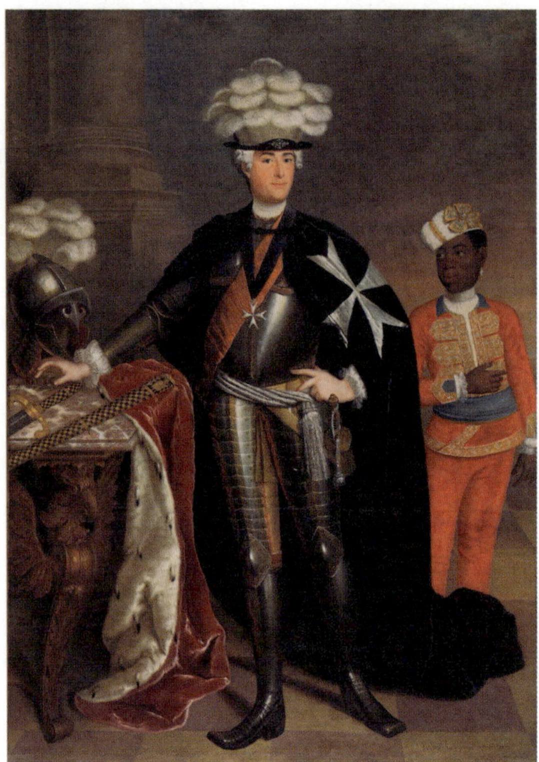

Dass in Brandenburg Schwarze Menschen und People of Colour lebten, ist eine historische Tatsache, die durch eine Reihe von Gemälden bestätigt wird, auf denen oft unbenannte Diener – entweder einzeln oder an der Seite von Mitgliedern der Monarchie, wie Carl Friedrich Albrecht – abgebildet sind. Offizielle Aufzeichnungen enthalten zwar selten biografische Informationen oder Einzelheiten aus dem Leben der Bediensteten, ermöglichen aber, wenn man zwischen den Zeilen liest und Querverweisen folgt, eine Rekonstruktion ihrer Biografien.

    Bekanntermaßen verschaffte die Gründung der Festung Groß-friedrichsburg im heutigen Ghana Preußen die Möglichkeit, aktiv an der Versklavung von Menschen teilzunehmen. Die Preußen arbeiteten eng mit den Niederländern zusammen und orientierten sich an deren Kolonialunternehmen, um selbst am Sklavenhandel und dem finanziellen Gewinn, den dieser versprach, beteiligt zu sein.[7] Zum Zeitpunkt der Entstehung dieses Gemäldes nahm Brandenburg aktiv am atlantischen Sklavenhandel teil. Zwar wurde die Sklaverei in Preußen 1807 abgeschafft, doch die Praxis, versklavte Menschen nach Preußen zu bringen, wurde durch eine »Grauzone« um den rechtlichen Status von andernorts Versklavten fortgesetzt.[8]

Der Status derjenigen, die als Sklaven oder Freie an den königlichen Hof gebracht wurden, blieb oft unklar. Das lag vor allem daran, dass für die Arbeit am Hof bisweilen ein Freiheitsnachweis erforderlich war (d. h. eine Bescheinigung über die »freie Geburt«).[9] Vielfach glaubte man daher, Versklavte müssten frei sein, weil sie am Hof tätig waren. Trotz ihres Status als Freie schützte der rechtliche Status der Schwarzen Pfeifer in der preußischen Gesellschaft sie nicht vor den rassistischen Vorurteilen, denen sie ausgesetzt waren.[10] Dies deutet darauf hin, dass eine noch größere Anzahl von Menschen am Hof, wahrscheinlich ohne es selbst zu wissen, versklavt gewesen sein könnten.

Wie aus Aufzeichnungen hervorgeht, hatte Carl Friedrich Albrecht in den 1740er-Jahren mehrere Schwarze Pfeifer in seinem Regiment, darunter Thomas Alvonsis, Carl Philip (auch bekannt als Jupiter) und Carl Friedrich (auch bekannt als Cupido).[11] Wir wissen, dass sowohl Thomas als auch Carl Philip verheiratet waren und Töchter hatten.[12] Epoli war ebenso Pfeifer in Carls Regiment; wahrscheinlich wurde er 1755 auf seinem Sterbebett getauft.[13] Johann Francois und Carl Friedrich (auch Fortuna genannt und am 25. August 1756 getauft) wurden ebenfalls Pfeifer in Carls Regiment.[14]

In einem anderen Fall diente Jean Fransciscus (auch Johann Frantz geschrieben) Carl Friedrich Albrecht als Kammerm__. Fransiscus wurde 1745 bzw. 1752 Vater einer Tochter und eines Sohns.[15] Auch Carl Wilhelm Bethmann, getauft am 28. Juni 1754, diente als Kammerm__.[16] Da das Alter nicht regelmäßig in Taufbüchern vermerkt wurde und das Porträt nicht genau datiert werden kann, bleibt unklar, welche (falls überhaupt eine) dieser Personen der Junge auf dem Porträt ist.

| HATEM HEGAB

| 1 Vgl. Winterfeld 1859, S. 752–755. | 2 Vgl. Bindman 2013, S. 74 f. | 3 Vgl. Theilig 2013, S. 155. | 4 GStA PK, I. HA GR, Rep. 36, Nr. 304, fol. 24r. | 5 GStA PK, I. HA GR, Rep. 36, Nr. 304, fol. 30r–v. | 6 Kloosterhuis 2003, S. 161. || 7 Vgl. Raphael-Hernandez/Wiegmink 2017, S. 20. | 8 Vgl. Spohr 2019, S. 614. | 9 Vgl. Spohr 2019, S. 616. | 10 Vgl. Spohr 2019, S. 617. | 11 EZAB, KB, Berlin-Kreuzberg, Jerusalem, Bestattungen 1743–1749, S. 305. [9.8.1743] – EZAB, KB, Berlin-Kreuzberg, Dreifaltigkeit, Taufen 1739–1800, S. 44, Lfd. Nr. 17. [14.7.1746; Cupido = Carl Friedrich; Jupiter = Carl Philip]. | 12 EZAB, KB, Berlin-Kreuzberg, Jerusalem, Bestattungen 1739–1800, S. 93, Lfd. Nr. 1 [9.1.1754]. – EZAB, KB, Berlin-Kreuzberg, Jerusalem, Bestattungen 1743–1749, S. 305 [9.8.1743]. | 13 Vgl. Theilig 2013, S. 107. | 14 EZAB, KB, Berlin-Kreuzberg, Jerusalem, Bestattungen 1757–1758, S. 77, Lfd. Nr. 193. – EZAB, KB, Berlin-Kreuzberg, Jerusalem, Bestattungen 1739–1800, S. 107, Lfd. Nr. 8. | 15 EZAB, KB, Berlin-Kreuzberg, Dreifaltigkeit, Taufen 1739–1800, S. 36, Lfd. Nr. 9 [22.4.1745; Carolina Emilia Sophia]; S. 84, Lfd. Nr. 12. [5.7.1852; Johann Friedrich]. | 16 EZAB, KB, Berlin-Kreuzberg, Jerusalem, Bestattungen 1739–1800, S. 96, Lfd. Nr. 10.

13

SCHWARZE FRAUEN UND MÄDCHEN AM PREUSSISCHEN HOF

Eine beträchtliche Anzahl von Gemälden in den Sammlungen des preußischen Hofes zeigt Schwarze Knaben, die hinter oder neben Monarchen und Mitgliedern des Adels stehen. Weshalb junge Schwarze Pagen in dieser Weise dargestellt sind, ist unklar, könnte aber mit den damaligen Rassenvorstellungen des europäischen Adels zu tun haben. Ausdruck fanden diese in Gemälden und maßgeschneiderten Machtdarstellungen, frühen Formen eines weißen Retterkomplexes, in der Diskriminierung sowie der Erotisierung und Exotisierung des jungen Schwarzen Körpers durch den europäischen Adel.[1] Wie aus Archivmaterialien hervorgeht, war der Anteil von Schwarzen Menschen an der Bevölkerung weitaus größer als die Zahl ihrer Darstellungen, die sich auf Gemälden in den Sammlungen des preußischen Hofes finden. Zu ihnen gehörten Versklavte und Freie, Männer und Frauen aller Altersgruppen.

Die Taufregister enthalten biografische Informationen über Diener und ihre Kinder am königlichen Hof. Einige von diesen sollen im Folgenden vorgestellt werden. Diese Aufzeichnungen sind oft unvollständig und werfen daher weitere Fragen über das Leben der Betroffenen auf. Nachdem sie nach Europa gebracht worden waren, wurden die Bediensteten oft unfreiwillig getauft, wie es der zwischen Monarchie und Kirche etablierten systematischen Praxis entsprach. Damit wurden sie in den Besitz der Monarchie überführt und in die damalige Gesellschaft »integriert«. Nach ihrer Taufe erhielten die Bediensteten einen Taufnamen, der in heutigen historischen Aufzeichnungen zu ihrer Identifizierung verwendet wird, da ihre Geburtsnamen weitgehend unbekannt sind.

Die erste Schwarze Frau, die am brandenburgischen Hof genannt wurde, war Dorothea. Sie wurde am 13. Juli 1686 in Berlin getauft. Den Aufzeichnungen zufolge arbeitete sie in den Gemächern des Kurfürsten und der Kurfürstin von Brandenburg.[2] Möglicherweise handelt es sich auch um die Frau mit dem Namen »Dorothea Maria«, die 1699 als Taufzeugin von Friedrich Gottlieb Gärtner, dem Sohn des osmanischen Musikers Zacharias Gärtner, genannt wird.[3] Ein weiterer Eintrag betrifft eine Sophia Charlotte, die am 3. Juni 1688 getauft wurde. Unter ihren Taufzeug:innen waren der Kurfürst und die Kurfürstin.[4] 1715 wurde eine Frau namens Marguerite zusammen mit zwei Schwarzen Knaben gekauft.[5] Deren Taufeinträge sind jedoch bislang nicht gefunden worden.

Es gibt verschiedene Aufzeichnungen über Mädchen mit mindestens einem versklavten Elternteil, die an den Hof gebracht wurden. Sophie Amalia de Cussi wurde am 10. Juni 1698 im Berliner Dom getauft.[6] Sie war die Tochter von Friedrich de Cussi, der selbst getauft wurde und eine Ausbildung zum Maler erhielt. Charlotte Louise wurde um den 23. September 1725 in der Nikolaikirche in Potsdam getauft.[7] In den Kirchenbüchern wird sie als uneheliches Kind einer Maria Elsdorff geführt, die behauptet habe, Charlottes Vater sei ein Pfeifer namens Friedrich Wilhelm. Außer mit ihrem Namen wird Charlotte als Tochter eines M_pfeifers bezeichnet.

Susanna Thomas, benannt nach ihrer Mutter, wird in den Aufzeichnungen als M_ geführt. Ihr Vater, Wilhelm Thomas, war ein Schwarzer Pfeifer im Regiment des Königs. Susanna wurde am 3. Mai 1732 in Potsdam geboren und erhielt anschließend die Taufe.[8] Während bei der Taufe ihrer Eltern Personen gleichen Standes wie ein Tambour oder eine Haushälterin Zeug:innen waren, wurde einer ihrer Brüder im Beisein von König Friedrich II., seiner Frau und seiner Mutter sowie hochrangiger Militärs getauft.[9] Ob der König nur bei der Taufe von Kindern anwesend war, die am Hof blieben und für den Dienst bestimmt waren, ist bislang ungeklärt.

Maria Charlotte Francois wurde am 9. Juli 1765 im Berliner Dom getauft.[10] Ihre Eltern waren Anna Judith Bollen und Johann, der sowohl als M_ als auch als Tanzmeister aufgeführt war. Auch Marias jüngere Schwester wurde am 12. November 1772 in Berlin getauft, allerdings in der Dreifaltigkeitskirche.[11] Die Namen der Eltern und der Beruf des Vaters lassen darauf schließen, dass die beiden Schwestern waren.

Zwar sind auf der Grundlage dieser Aufzeichnungen biografische Aussagen möglich; über die gesellschaftliche Existenz einer Frau in Brandenburg und später in Preußen erfährt man in ihnen aber nur wenig. Welches Leben führten versklavte oder freie Schwarze Mädchen und Frauen am Hof? Wie gelang ihnen der soziale Aufstieg, wenn sie ihn denn überhaupt schafften? Man kann davon ausgehen, dass eine Schwarze Frau oder ein:e Schwarze Bedienstete:r im Allgemeinen nur über ein begrenztes soziales Kapital verfügte, da ihre gesellschaftliche Existenz normalerweise durch Status und Beruf ihres Vaters definiert wurde.

| CAROLIN ALFF, HATEM HEGAB

| 1 Ausst.-Kat. Amsterdam 2020, S. 20, 37. – Massing 2011, S. 225–229. – McGrath 2012, S. 16. | 2 EZAB, KB, Berlin-Kreuzberg, Jerusalem, Bestattungen 1671–1687, S. 532, Lfd. Nr. 45. | 3 EZAB, KB, Berlin-Kreuzberg, Jerusalem, Bestattungen 1695–1700, S. 297, Lfd. Nr. 58. | 4 EZAB, KB, Berlin-Kreuzberg, Jerusalem, Bestattungen 1687–1695, S. 24, Lfd. Nr. 44. | 5 Kloosterhuis 2003, S. 160, Anm. 12. | 6 EZAB, KB, Berlin-Kreuzberg, Jerusalem, Bestattungen 1695–1700, S. 266, Lfd. Nr. 38. | 7 Kloosterhuis 2003, S. 313. | 8 GStA-PK, VIII. HA, MKB, Nr. 570 (Fiche 1172–1177), Potsdam Garnisonkirche, Taufen 1662–1750, S. 397, Lfd. Nr. 832. | 9 EZAB, KB, Berlin-Kreuzberg, Jerusalem, Bestattungen 1739–1800, S. 10, Lfd. Nr. 21. | 10 EZAB, KB, Berlin-Kreuzberg, Jerusalem, Bestattungen 1765–1767, S. 13, Lfd. Nr. 193. | 11 EZAB, KB, Berlin-Kreuzberg, Jerusalem, Bestattungen 1771–1773, S. 12, Lfd. Nr. 190 [Friederica Wilhelmina Carolina].

ALEXANDER VON HUMBOLDT AM CHIMBORAZO

Detail aus Abb. 1

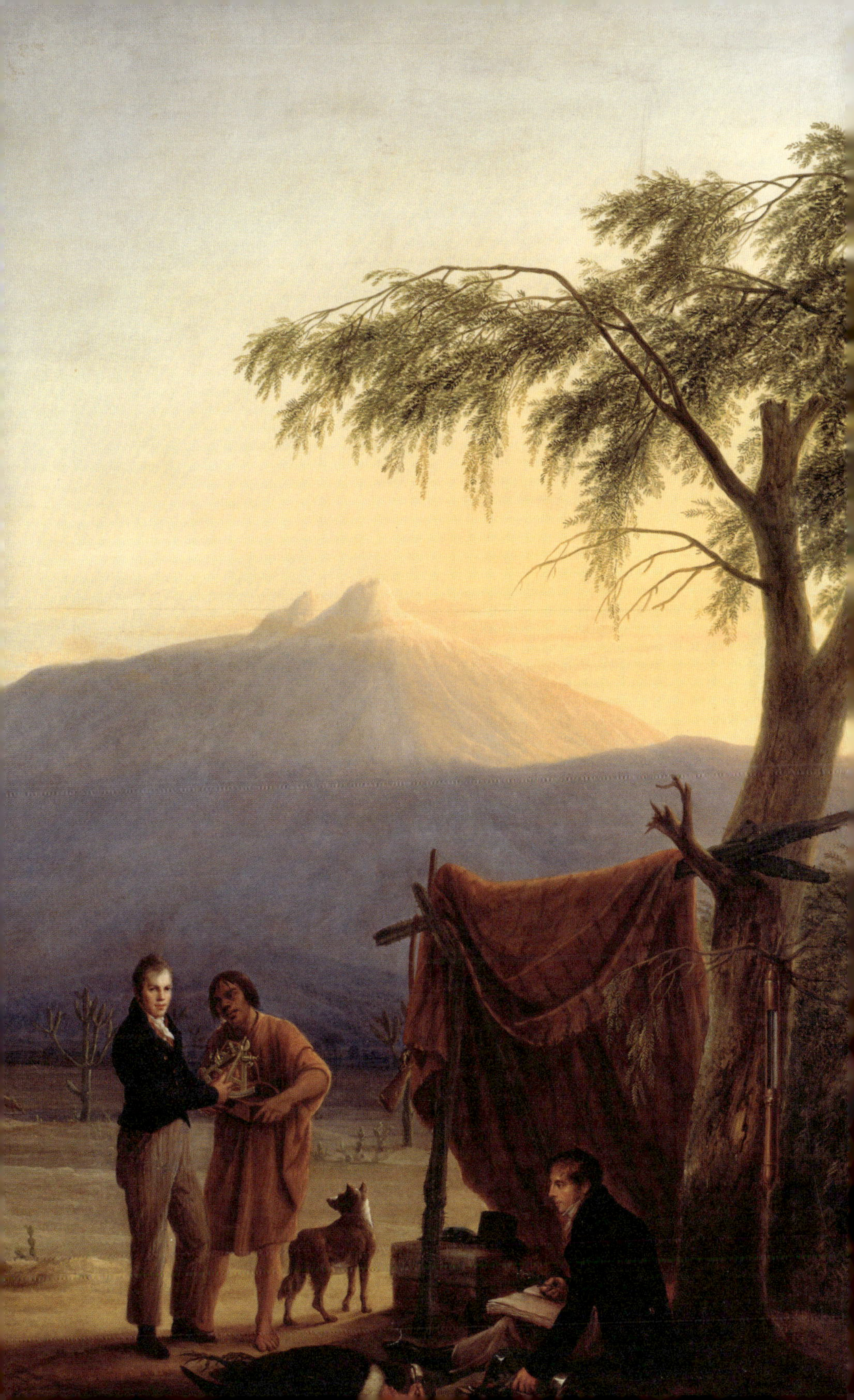

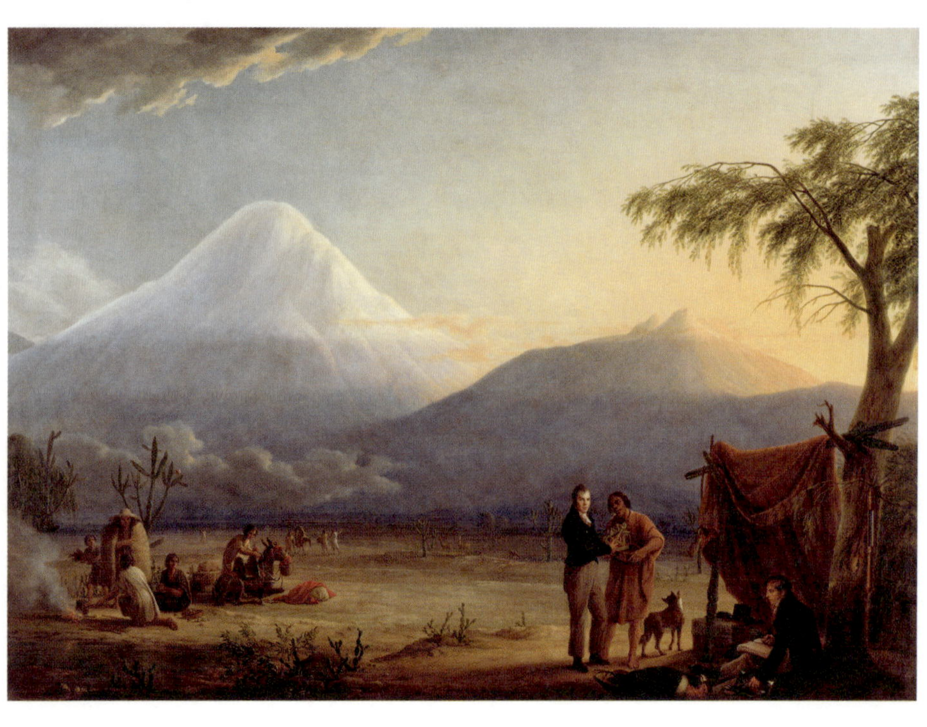

Abb. 1   Friedrich Georg Weitsch
Alexander von Humboldt und Aimé Bonpland
am Fuß des Chimborazo, 1806/07
Öl auf Leinwand, 161 × 226 cm
SPSG, GK I 4145, Schloss Charlottenburg

Humboldts Expedition als preußisches Projekt

Auf einem Hochplateau der Anden hat der Forschungsreisende Alexander von Humboldt mit seinem französischen Kollegen Aimé Bonpland ein Lager aufgebaut. Im Vordergrund steht Humboldt in europäischer Kleidung und übernimmt einen Sextanten von einem indigenen Begleiter. In der rechten Ecke unter einer Zeltplane sitzt Aimé Bonpland mit einer Botanisiertrommel und über ein Herbarium gebeugt. Neben ihm liegt ein toter Kondor. Links macht eine Gruppe indigener Begleiter der Expedition ein Feuer, um Kartoffeln zu kochen, ein weiterer versorgt die Lasttiere. Den Hintergrund des Gemäldes bestimmt der schneebedeckte Vulkan Chimborazo, im heutigen Ecuador gelegen. Auf den Expeditionskisten, zwischen Humboldt und Bonpland, ist eine Aufschrift zu erkennen: »Expe[dition] Prussiana Hist[oriae] natur[alis]«. Neuere Forschungen haben ergeben, dass das Gemälde nicht vom preußischen König in Auftrag gegeben wurde, wie bisher angenommen, sondern von der Preußischen Akademie der Wissenschaften. Es wurde nach Fertigstellung von König Friedrich Wilhelm III. angekauft.[1]

Während Humboldts Amerika-Reise von 1799 bis 1804 verbrachte die Expeditionsgruppe mehrere Tage am Chimborazo, wie wir durch das Reisetagebuch und zahlreiche Skizzen wissen. Die Besteigung des Sechstausenders scheiterte zwar, aber die Reisegruppe drang in eine bis dato nicht erreichte Höhe vor.[2]

Der Hofmaler Friedrich Wilhelm Weitsch schuf das Gemälde nach Anweisungen und Skizzen, die Alexander von Humboldt ihm zur Verfügung stellte. Der Forscher schätzte den Maler, beauftragte ihn gleich nach der Rückkehr aus Amerika mit einem Porträt und mit wissenschaftlichen Tierdarstellungen für seine Reisebeschreibung. Einzig die Beschriftung auf den Gepäckkisten hat der Maler vermutlich erst nachträglich und ohne Humboldts Wissen hinzugefügt. Die ganze Forschungsreise in die spanischen Kolonien, die mit Genehmigung und unter dem Schutz der spanischen Regierung stattfand, wird damit als preußisches Projekt deklariert. Die Inschrift bot somit dem preußischen König Friedrich Wilhelm III. die Möglichkeit, nachträglich an dem Ruhm der Expedition Anteil zu nehmen. Humboldt als deutscher Gelehrter und Untertan des Königs habe laut zeitgenössischen Berichten nicht nur der Wissenschaft, sondern auch der Nation ein Denkmal gesetzt.[3]

| SUSANNE EVERS

Alexander von Humboldt und José de la Cruz

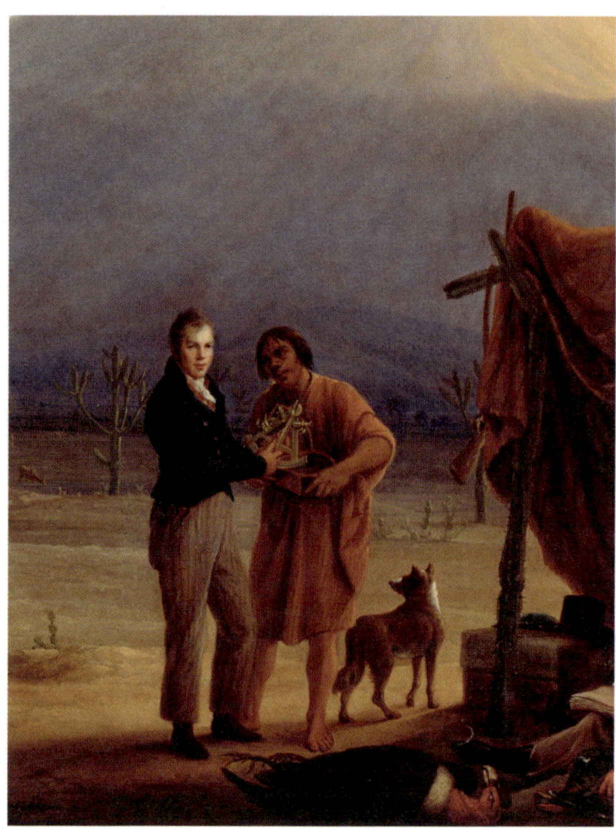

Wer ist der indigene Begleiter Humboldts, der ihm in dem Gemälde
von Weitsch zur Seite steht und einen Sextanten reicht? In den
bisherigen kunsthistorischen Beschreibungen des Gemäldes wird
diese Person meist gar nicht erwähnt.[4] Nach seinem Namen und
seiner Geschichte sucht man hier vergebens. Ganz offensichtlich
kommt ihm die wichtige Aufgabe zu, die wissenschaftlichen Instrumente zu hüten, denn er hält noch das Futteral des von Humboldt
stolz präsentierten Sextanten in der Hand. Ebenso groß gewachsen
wie der europäische Forscher bildet er trotz seines leicht unter-
würfigen Blicks mit diesem gemeinsam das Zentrum des Gemäldes.

Die wissenschaftlichen Instrumente, die Humboldt und Bonpland mit sich führten, waren die Garanten des Erfolgs ihrer Forschungen und unterwegs unersetzlich.[5] Daher kam dem Hüter der Instrumente eine herausgehobene Stellung zu, die in dem Gemälde augenfällig wird.

Im August 1799, gleich nach ihrer Ankunft in Südamerika, trafen Humboldt und Bonpland in Cumaná auf José de la Cruz, wohl der Sohn eines Spaniers und einer Sklavin.[6] Er wird die beiden während ihrer gesamten Reise als Diener begleiten.[7] Im Reisejournal und in den Briefen Humboldts wird er mehrfach als Diener, aber auch als Träger bezeichnet.[8] Insgesamt erwähnt Humboldt in den umfangreichen Publikationen zu seiner Südamerika-Reise aber selten die indigenen Bewohner:innen der Landstriche, die er bereist. Für seine europäischen Zeitgenoss:innen und für die Nachwelt entstand so das Bild der Europäer Humboldt und Bonpland, die menschenleere Gebiete betraten und dort die Natur erforschten.[9]

Das Gemälde von Friedrich Georg Weitsch beweist, dass dies keineswegs der Realität entsprochen hat. Die Darstellung von José de la Cruz im Bildzentrum neben Humboldt betont sogar, wie sehr Humboldt tatsächlich auf die Unterstützung durch Einheimische angewiesen war. Die Nichtbeachtung von José de la Cruz im Titel und bei der Rezeption des Bildes zeigt dagegen, dass man dies in Europa nicht zur Kenntnis nahm.

| SUSANNE EVERS

| 1 Vgl. Männl 2020, S. 45–58. – Dagegen Lacher 2003, S. 147–154, 304 f. | 2 Vgl. Humboldt 2006, S. 79–103. | 3 Vgl. Männl 2020, S. 55, Anm. 32. | 4 Krätz 1997, S. 71 (»Auf diesem Gemälde von F. G. Weitsch 1810 sieht man ihn [Humboldt], europäisch gewandet, 1802 auf dem Hochplateau der Anden beim Hantieren mit einem Sextanten.«). – Lacher 2003, S. 304, Kat. Nr. W348 (»Rechts im Vordergrund Humboldt mit Sextant und Bonpland mit Herbarium.«). – Dank an Laia Ribera Cañénguez für Anregungen zu der folgenden Recherche. | 5 Vgl. Faak 2003, S. 152. – Wolf 2016, S. 112 f. | 6 Vgl. Schaper 2018, S. 105. | 7 Vgl. Faak 2003, S. 85. | 8 Vgl. Biermann/Schwarz 2007, S. 87. – Pelizaeus 2018, S. 88–92. | 9 Vgl. Zantop 1999, S. 191–197.

AUGUST ALBRECHT SABAC EL CHER

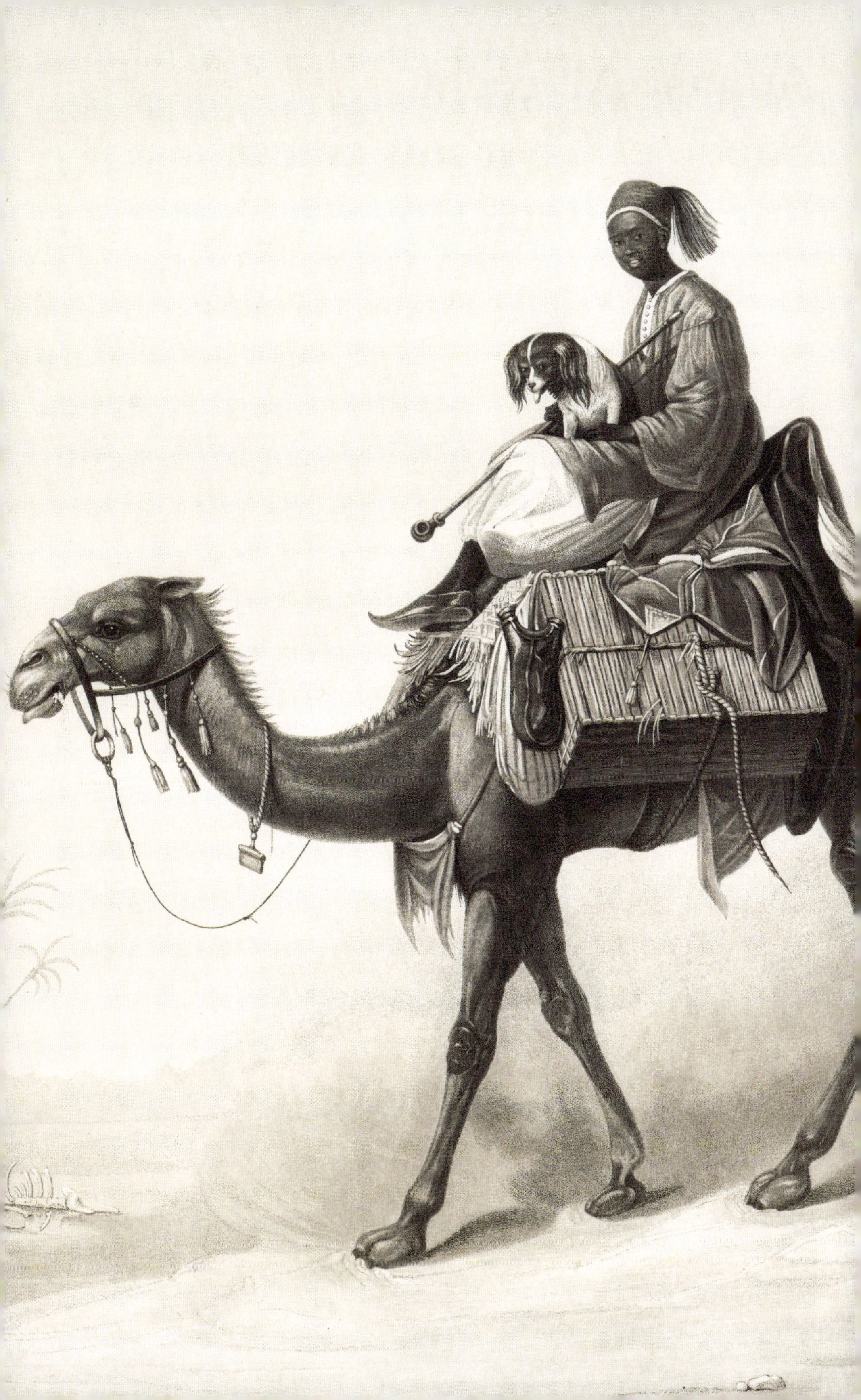

August Albrecht
Sabac el Cher auf einem
Kamel reitend

Diese unbetitelte Grafik wirkt zunächst unscheinbar, birgt neben dem künstlerischen und dekorativen Wert aber Informationen, die die Identifizierung des dargestellten Schwarzen Jungen als August Albrecht Sabac el Cher ermöglichen.

Die auf dem Blatt namentlich genannten Künstler waren auf der Berliner Akademieausstellung des Jahres 1846 vertreten: Wilhelm Grützmacher[1] mit einem Kupferstich in Aquatintatechnik und Heinrich Nikoley mit einer Zeichnung zum Kupferstich »nach einem Bilde von Kretzschmer«.[2] Auf derselben Ausstellung präsentierte der Maler Hermann Kretzschmer »Prinz Albrecht von Preußen mit Gefolge begegnet in der arabischen Wüste einer lagernden Karavane, deren Häuptlinge ihn bitten, Gastfreundschaft in ihren Zelten anzunehmen«. Das Werk befand sich im Besitz von Prinz Albrecht von Preußen (Abb. 1).[3]

Das Gemälde zeigt eine Episode der Reise des preußischen Prinzen, die ihn von Februar bis August 1843 durch Ägypten, den östlichen Mittelmeerraum und das Osmanische Reich führte.[4] In der Mitte der vielfigurigen Szene thront Albrecht auf einem weißen Kamel. Ihm folgen, ebenfalls auf Kamelen, die Mitglieder seiner Reisegruppe. Darunter befindet sich ein Schwarzer Junge, auf dem Schoß einen Hund und in der linken Hand eine Pfeife haltend. Kretzschmer hatte

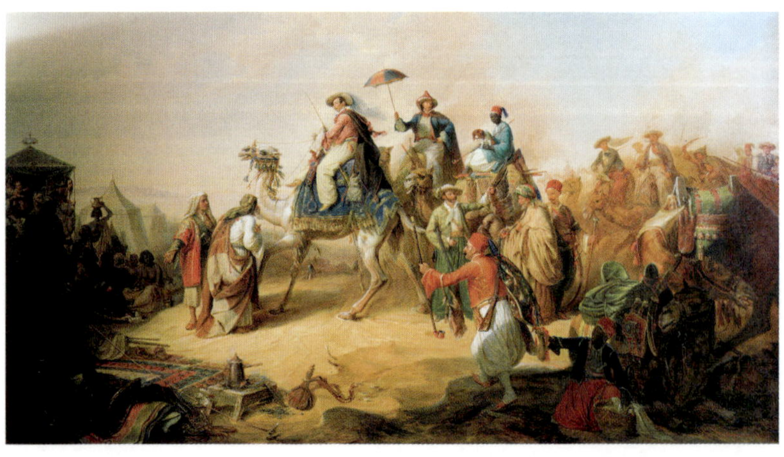

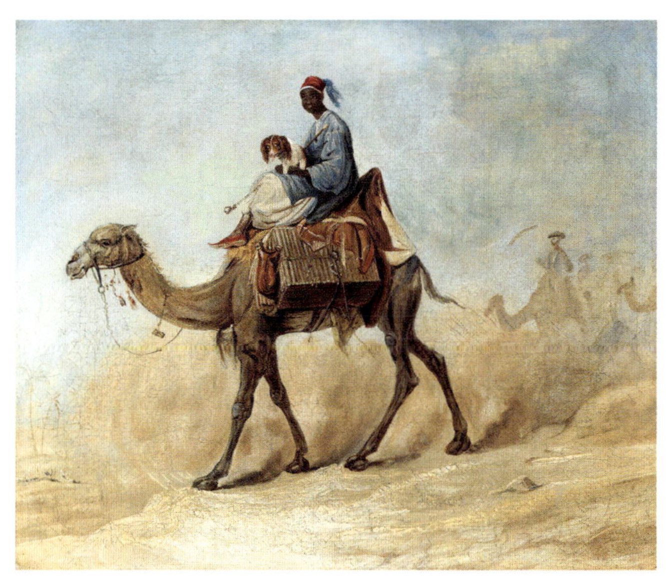

Abb. 2 August Albrecht Sabac el Cher, Wilhelm Grützmacher und Heinrich Nikoley nach Hermann Kretzschmer
ohne Titel [August Albrecht Sabac el Cher], um 1845
Aquatinta, 49,4 × 59,5 cm (Blatt), SPSG, GK II (10) 322

Abb. 3 Johann Hermann Kretzschmer, ohne Titel
[Ölstudie Sabac el Cher], 1846
sign. und dat., Öl auf Leinwand, 38 × 45,5 cm
Dorotheum Wien

diese Episode nicht nach eigener Anschauung gefertigt, sondern
komponierte, wohl im Auftrag des Prinzen, in Berlin das Gemälde aus
fremden Skizzen, Reisebeschreibungen und eigenen Porträtstudien.[5]
Eine dieser Ölstudien wurde erst kürzlich auf einer Wiener Auktion
angeboten und zeigt den Schwarzen Jungen, der laut rückseitiger
Beschriftungen »Sabac al Hel [sic!]« heißt (Abb. 3).[6] Mit dieser Vorlage
schuf Grützmacher seine Grafik, von der bisher nur dieses Exemplar
aus ehemaligem kaiserlichem Besitz bekannt ist. August Sabac
el Cher, dessen Leben in Preußen in den Grundzügen überliefert ist,[7]
wurde noch häufiger zum Statisten in Reiseerinnerungsbildern
Albrechts (Abb. 4).[8]

| SYLVA VAN DER HEYDEN

(Re-)Orientierung auf Sabac El Cher

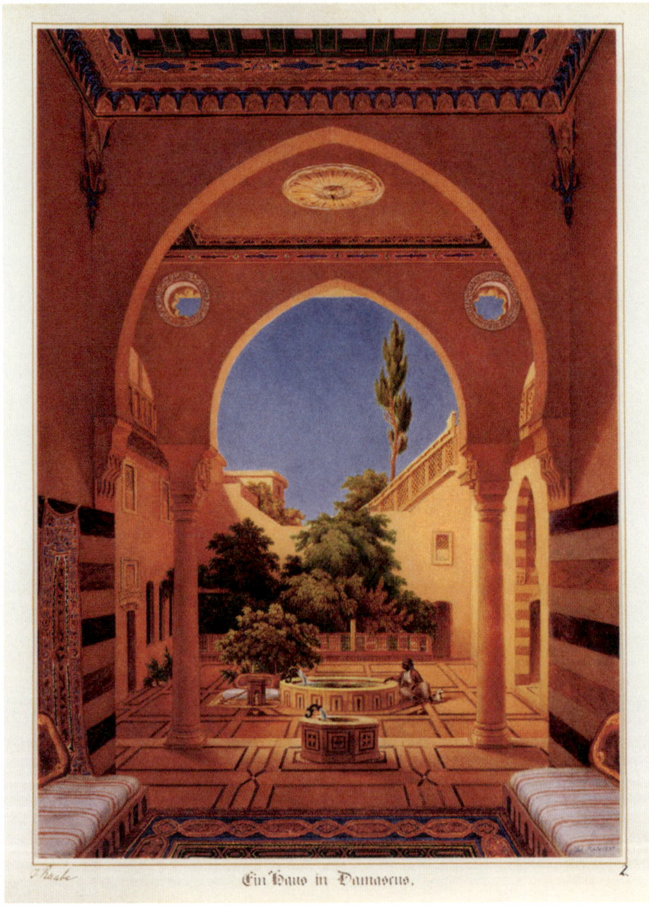

Ein Haus in Damascus.

Abb. 4   Johannes Rabe
Ein Haus in Damascus, 1847
Aquarell, 36,5 × 26,4 cm
SPSG, GK II (5) 2530

Im Februar 1843, im Alter von sieben Jahren, nimmt Sabac El Cher in Ägypten seinen Platz in der deutschen Geschichte ein. Zu Beginn dieses Jahres war Prinz Albrecht auf seiner »Orientalischen Reise« in Ägypten eingetroffen. Nachdem Sabac El Cher vom osmanischen Wesir dem Prinzen zum Geschenk gemacht worden war, führte dieser ihn als Sklaven aus Ägypten mit sich fort und nahm ihn später mit sich nach Preußen. Sabac El Cher kehrte nach dem Ende der Reise im August 1843 nie wieder in sein Heimatland zurück und verbrachte den Rest seines Lebens in Berlin.

In Kairo begrüßte der osmanische Wesir von Ägypten, Mehmet Ali, die Reisegesellschaft. Als Geste des guten Willens übergab er dem Prinzen einen siebenjährigen nubischen Jungen als »Geschenk«.[9] Da Prinz Albrecht den Geburtsnamen des Jungen nicht kannte, nannte er ihn Sabac El Cher, eine fehlerhafte Transliteration von *Sabaḥ al khayr*, Arabisch für »Guten Morgen«. Der Junge sollte für immer mit diesem Namen leben: August Albrecht Sabac El Cher.

Bis zu ihrer Rückkehr im August 1843 begleitete Sabac El Cher den Prinzen auf der Reise durch Palästina, Syrien, den Libanon und die Türkei. Auf unterwegs entstandenen Skizzen ist die Reisegesellschaft des Prinzen vor einer vage »orientalisch« anmutenden Landschaft mit Einheimischen im Hintergrund abgebildet. Sabac El Cher, in »orientalischer« Kleidung, kümmert sich um den Hund des Prinzen.[10]

Obwohl in Nordafrika nicht ungewöhnlich, wurde stereotype Kleidung häufig von Bediensteten in ganz Preußen getragen. Diese Kleidung, oft ein stereotyper Fez oder Turban und weite Hosen, prägte dann das koloniale Imaginäre und bestimmte, wie Menschen aus dem »Orient« gesehen wurden.[11] In diesem Sinne verwandelte sich die Kleidung, die Sabac El Cher trug, in ein Kostüm: Ihre ursprüngliche soziologische Bedeutung wurde ausgelöscht und durch den »orientalistischen« Blick auf außereuropäische Gesellschaften ersetzt.

In Berlin lernte Sabac El Cher Deutsch und lebte am Hof von Prinz Albrecht in der Wilhelmstraße; später heiratete er Anna Maria Jung und wurde Vater. Ihre Familien leben auch Generationen später noch hier. Sabac El Cher selbst kehrte nie wieder nach Kurdufan zurück und starb am 21. September 1885 in Berlin.[12]

Über den Jungen und sein Leben vor der Entführung aus seiner Heimat ist wenig bekannt. Die einzigen verfügbaren historischen Aufzeichnungen über Sabac El Cher beginnen, als er sieben Jahre alt war, und beschreiben ausschließlich seine Existenz im Besitz des Monarchen.

| HATEM HEGAB

| 1 Ernst/Laur-Ernst 2009, S. 316. | 2 Ausst.-Kat. Berlin 1846, S. 107, Nr. 1216 und S. 114, Nr. 1288. | 3 Ausst.-Kat. Berlin 1846, S. 38, Nr. 481. – Vgl. Schadow 1849, S. 371. – Zuletzt Roy Miles fine paintings, London, Privatsammlung. | 4 Vgl. Wittwer 2019. | 5 Zum Skizzenbuch siehe Wittwer 2019, S. 7. | 6 Aukt.-Kat. Dorotheum Wien 2021. – Die Beschriftungen lauten: »Kretzschmer 1846« »N*** Sabac al Hel [sic!]«, »Reise 1843«, »Boddy der Hund«. | 7 Pieken/Kruse 2012. | 8 Siehe Wittwer 2019, Abb. 4, 5, 7. – Pieken/Kruse 2012, S. 23, 33, 43, 44, 48, 49. | 9 Vgl. Pieken/Kruse 2007, S. 43. | 10 DHM, Bibliothek des DHM, Inv.-Nr. Do 2001/28, Album der Orientalischen Reise vom Februar–August 1843. | 11 Vgl. Theilig 2013, S. 14–18. | 12 Vgl. Pieken/Kruse 2007, S. 55–88.

SCHWARZE HOFBEDIENSTETE IM PREUSSEN DES 19. JAHRHUNDERTS

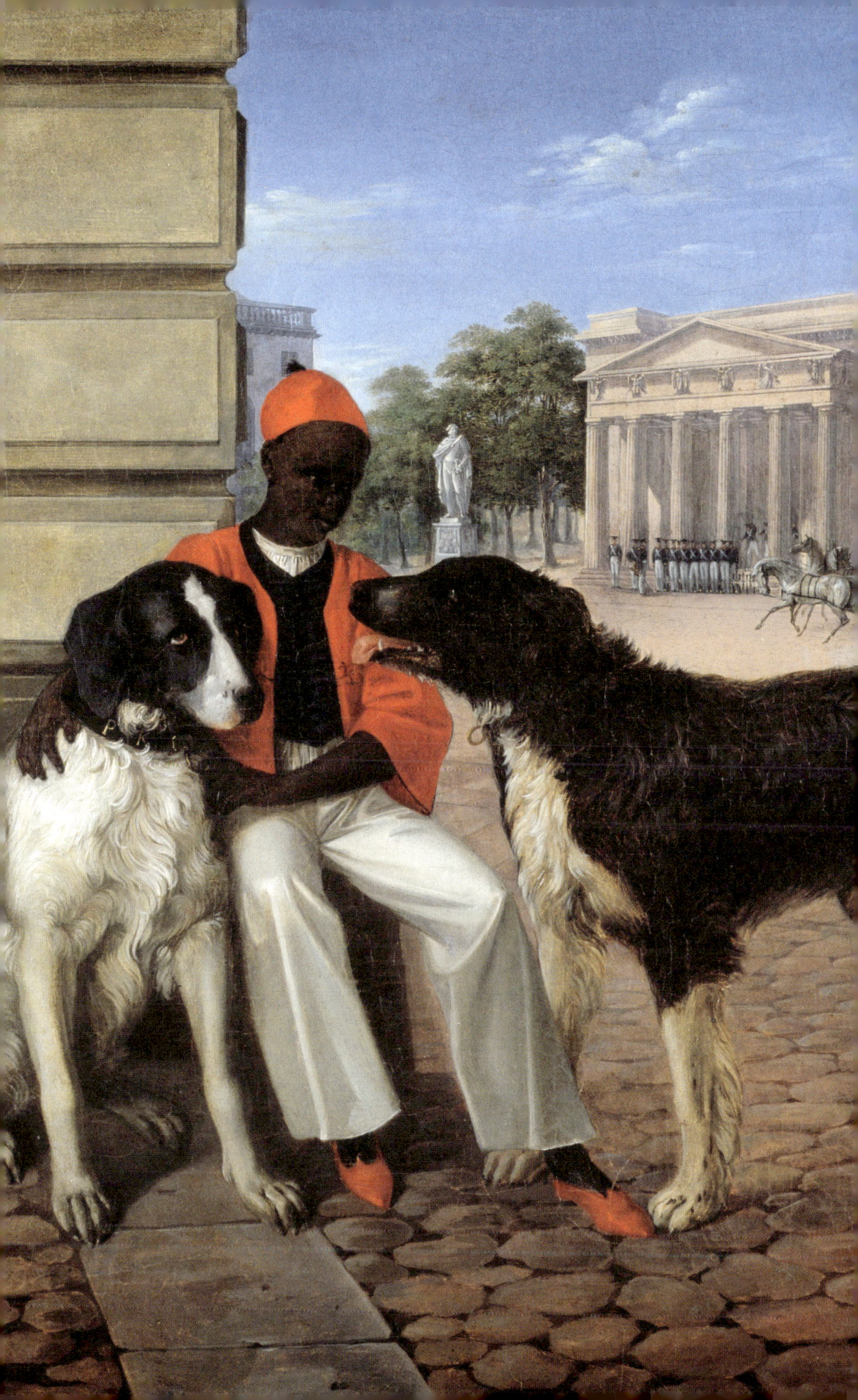

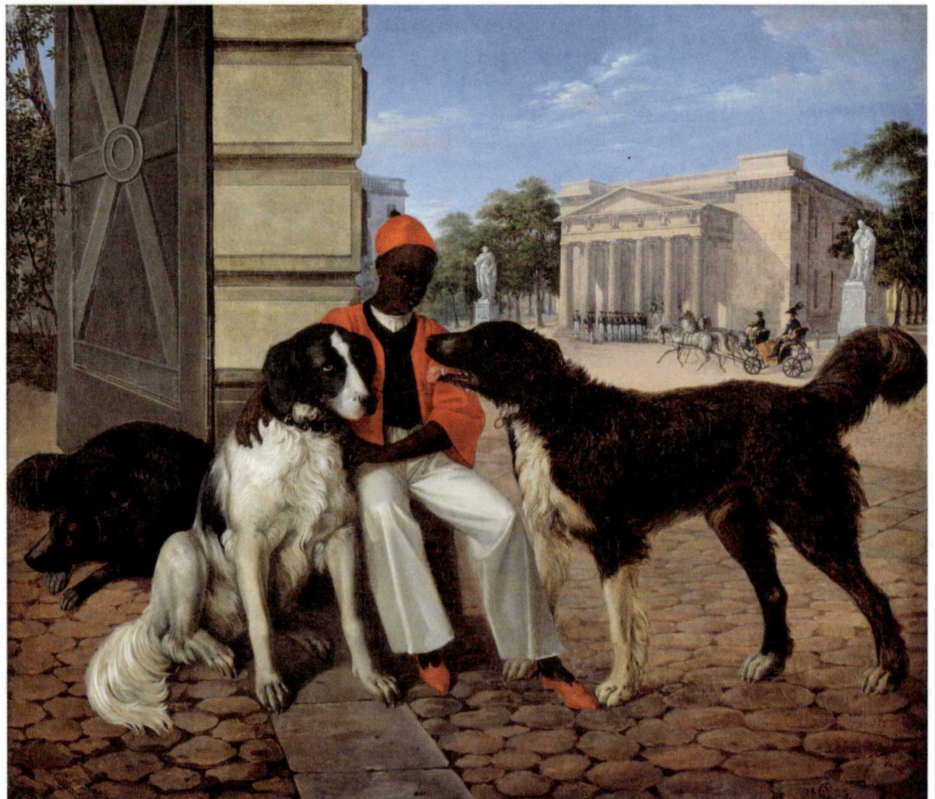

Heinrich Karl Albrecht Kerallah

Dieses Gemälde ist bisher die früheste Quelle zu den etlichen
Schwarzen Menschen am preußischen Hof im 19. Jahrhundert, deren
fragmentarische Biografien im Folgenden je nach Quellenlage skiz-
ziert werden sollen. Im Gemälde ist ein Schwarzer Junge abgebildet,
der am Torpfosten des Prinzessinnenpalais sitzt. Vieles im Bild zeigt
eine Verbindung zu Prinz Carl von Preußen auf: Der Prinz lebte bis
1824 im Prinzessinnenpalais und die Halsbänder der Hunde sind mit
seinem Monogramm »P. C. v. P.« versehen. Der Junge wurde vom
Prinzenerzieher Heinrich Menu von Minutoli nach Berlin gebracht.
Dieser begab sich, nach Carls Volljährigkeit, von 1820 bis 1822 auf
eine Reise nach Ägypten.[1] Seine Frau Wolfardine schilderte im Bericht
dieser gemeinsamen Reise: »Wir selbst kauften uns einen Knaben,

den wir mit nach Europa nahmen [...].«[2] Sie beschreibt »dieses Kind«
als sprachgewandt, nennt seinen Namen aber nicht.[3] 1823, als das
Bild entstand, ließen sich die Minutolis in der Schweiz nieder.
Lediglich ein Postskriptum in einem Brief an Prinz Carl vom 1. Mai 1825
weist auf das weitere Schicksal des Jungen hin: »Kheyralla, der bald
Sekretarius werden kann, bitte ich gehorsamst ein [?]eybyn, Sabalcher,
Salamat von mir zu sagen.«[4] Am 18. April 1828 wurde in der Domkirche
»der im mohammedanischen Glauben geborene M_ seiner königli-
chen Hoheit des Prinzen Karl« getauft. Statt seines Geburtsnamens
Kandah wurde dem 18-Jährigen befohlen, den Rufnamen Kerallah
als Nachnamen zu den Taufnamen Heinrich Karl Albrecht zu führen.
Die Patenschaften übernahmen unter anderem das Kronprinzenpaar,
Prinz Wilhelm und Gattin, das Ehepaar Minutoli und Prinz Albrecht.[5]

Karl Ferdinand Theobald Itissa

Der 20-jährige Itissa, über dessen Herkunft und Ankunft in Berlin
nichts bekannt ist, weckte Anfang 1827 die Aufmerksamkeit Friedrich
Wilhelms III. Dieser entzog ihn »der öffentlichen Ausstellung zur Schau«,
die der Bernsteindrechsler F. W. Suhr organisiert hatte, und plante, ihn
in der deutschen Sprache und in christlicher Religion unterrichten zu
lassen.[6] Ein dafür bestelltes Gutachten befand Itissa als »sehr passiv,
[...] ziemlich apathisch« und riet, ihn aus der »drückenden u[nd]
unwürdigen Lage« zu befreien.[7] Der König schickte Itissa daraufhin
nach Potsdam zum Hofschullehrer Johann Ferdinand Aulig, wo er
innerhalb eines Jahres die deutsche Sprache erlernte, 1829 auf die
Namen Karl Ferdinand Theobald Itissa getauft und auf der Pfaueninsel
als Gärtnergehilfe angestellt wurde.[8] Er verstarb wohl 1832.[9]

Alexander Anastasius Achmet Feryallah

Das Gemälde von August von Rentzell *Kurpromenade in Marienbad* (Abb.2) stellt ein Zusammentreffen mehrerer adliger Familien im böhmischen Marienbad im Sommer 1836 dar. Am vorderen rechten Bildrand steht ein Schwarzer Junge mit dem Rücken zu den Betrachtenden, plakativ »orientalische« Gewänder tragend und eine Tasse in der linken Hand haltend. Er beobachtet aus dem Schatten heraus die in der Bildmitte versammelten Personen. Einige Personen lassen sich identifizieren, nur der Schwarze Junge nicht. Sollte es sich um einen Bediensteten aus dem Gefolge des abgebildeten preußischen Prinzen Wilhelm handeln, dann möglicherweise um den zur gleichen Zeit in Berlin lebenden Alexander Anastasius Achmet Feryallah. Er stammte aus Sennar, im heutigen Sudan, und war 1835 »von Hr. Schropp aus der Sklaverei losgekauft« worden. Am 4. Juni 1839 wurde er in der evangelischen Kirche im Berliner Friedrichs-Waisenhaus getauft. Die Patenschaft übernahmen unter anderem Kronprinzessin Elisabeth von Preußen, Prinzessin Marianne von Preußen sowie Graf Arnim, Ober-Mundschenk des Königs.[10] Am 13. Juni 1843 starb Feryallah an der Lungenschwindsucht im Arbeitshaus, er wurde am 16. Juni 1843 auf dem Armenkirchhof begraben.[11] Feryallah begegnet man vermutlich auf Franz Krügers Gemälde *Parade Unter den Linden* von 1839 sowie auf einer Vorstudie (Abb. 3 – 4).[12]

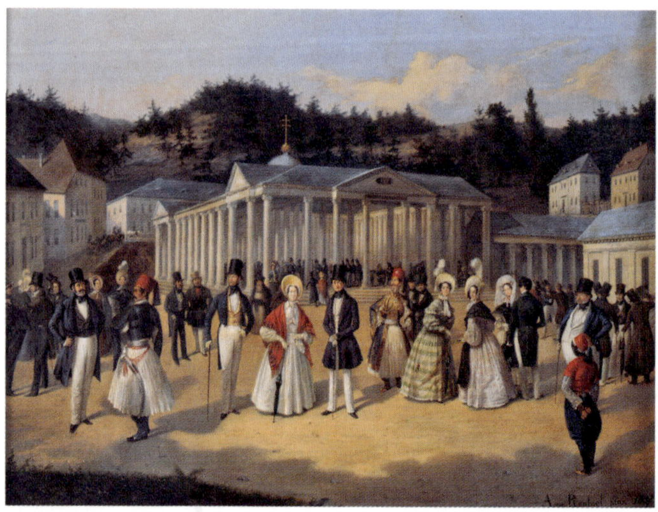

Abb. 2 August von Rentzell
Kurpromenade in Marienbad, 1837
Öl auf Kupfer, 45 × 61,3 cm
SPSG, GK I 8515

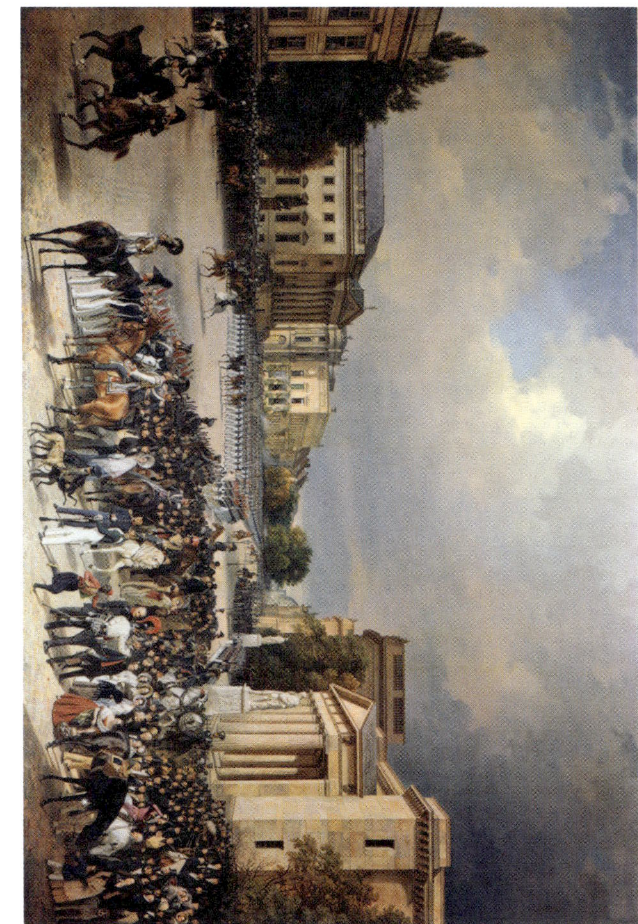

Abb. 3   Franz Krüger
Parade Unter den Linden, 1839
Öl auf Leinwand, 255 × 395 cm
SPSG, GK I 505

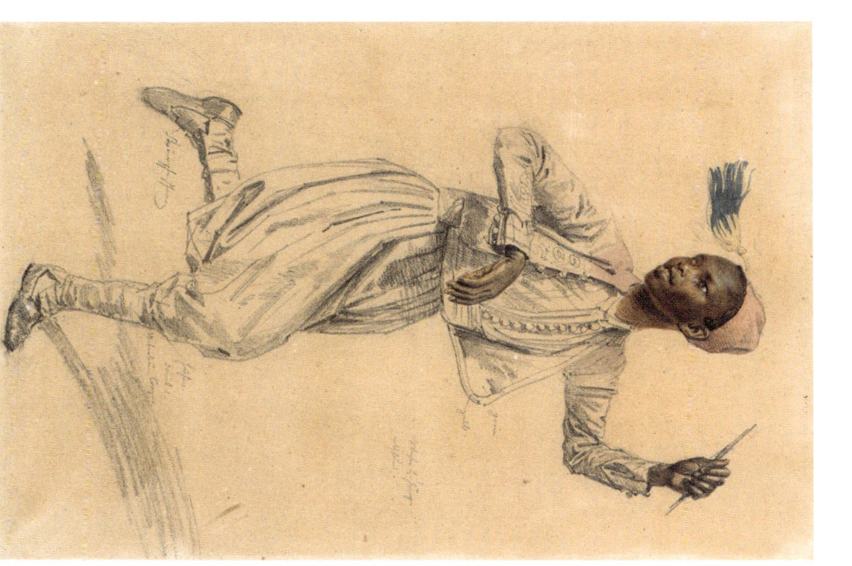

Abb. 4   Franz Krüger
M_ des Prinzen Karl von Preußen,
Studie, o. D. [vor 1839], Bleistift, aquarelliert
Berlin, Kupferstichkabinett, SMB, SZ Fr. Krüger 276

August Paolo Joladur

Aman De-in-Joladur, »der Sohn eines Häuptlings«, den Fürst von
Pückler-Muskau 1839 auf seiner Reise durch Nordafrika auf einem
Sklavenmarkt gekauft hatte, wurde etwa 15-jährig am 9. Juli 1844 in
Muskau auf den Namen August Paolo Joladur getauft.[13] Von Pückler-
Muskau entlassen, ging er nach Dresden und Halle, um sich dort
in Sprache und Glauben zu bilden.[14] Er verrichtete seit 1851 seinen
Militärdienst.[15] Um diesem zu entkommen und weil er es »bei dem
Prinzen gut haben würde«, trat er 1853 in die Dienste Prinz Carls ein.[16]
Ab 1861 hielt er in Berlin Vorlesungen »über seine Heimath im mittle-
ren Theile des inneren Afrika's, sowie über Sitten und Gebräuche
seines Volksstammes«.[17]

Friedrich Hermann Hagen

Im November 1843 wurde ein neuer Angestellter als Empfänger von
Dienstbekleidung in die Versorgungslisten des Hofstaats des Königs
aufgenommen: Hagen, ein »N_«.[18] Bei diesem könnte es sich um
Friedrich Hermann Hagen handeln, der 1818 in Kopenhagen geboren
wurde und 1861 die Hofbedienstete Elisabeth Heiling heiratete.[19]
Eine spätere Quelle konkretisiert Hagens Tätigkeit und die seiner Frau
als Lakai und Silberwäscherin im Hofstaat der Königin Elisabeth von
Preußen.[20] Ebenfalls 1843 trifft ein Schwarzer Junge, der später den
Namen August Albrecht Sabac el Cher führte, im Gefolge des Prinzen
Albrecht ein.[21]

Perico-Auel

Perico-Auel ist der Name eines weiteren Bediensteten, der als
»prinzl. N_« im Berliner Adressbuch des Jahres 1851 aufgeführt ist.[22]
In einer vor 1868 zu datierenden Auflistung von Personen des Hofstaats mit niedrigem Einkommen, die medizinische Versorgung erhalten sollten, wird Perico-Auel als verheiratet mit einem Sohn benannt,
der als Lakai im Hofstaat des Prinzen Carl tätig ist.[23]

Henry Charles Wilson

Der letzte Schwarze Bedienstete des Prinzen Carl war Henry Charles
Wilson. Er wurde 1854 in Freetown (Sierra Leone) geboren, erreichte
als Seefahrer mit etwa 15 Jahren den Hamburger Hafen und trat in
die Dienste des Grafen Waldersee. 1873 wurde er Teil des Hofstaats
des Prinzen Carl, den er als Sprachbegabter auf diversen Reisen
begleitete.[24] Nach dem Tod des Prinzen arbeitete Wilson als Lakai
und Garderobier – auch auf Reisen – für den Großherzog von Sachsen-
Weimar-Eisenach.[25] Mit seiner zweiten Frau lebte er nach 1896 als
Pensionär in Berlin-Zehlendorf.[25]

| SYLVA VAN DER HEYDEN

| 1 Vgl. Nehls 1991. | 2 Minutoli 1829, S. 90 f. | 3 Minutoli 1829, S. 91. | 4 SPSG, GK II (17)
NL Cerrini, o. Fol., Minutoli an Prinz Carl, 1. 5. 1825. | 5 EZAB, KB, Berlin-Stadt I, Oberpfarr-
und Domkirche zu Berlin, Taufen 1826–1828, S. 519 links u. rechts. | 6 GStA PK, I. HA
Rep. 89, Nr. 3329, Acta betr. den Afrikaner Itissa, 1827–1830, fol. 1. | 7 GStA PK, I. HA
Rep. 89, Nr. 3329, Acta betr. den Afrikaner Itissa, 1827–1830, fol. 10r. | 8 GStA PK, VIII. HA,
MKB, Nr. 600 (Fiche 1277–1281), Potsdam, Garnisonskirche, Taufen 1807–1853, S. 354. –
GStA PK, I. HA Rep. 89, Nr. 3329, Acta betr. den Afrikaner Itissa, 1827–1830, fol. 23–27.
| 9 Stoffregen-Büller 2019, S. 193. | 10 EZAB, KB, Berlin-Stadt I, Waisenhaus Rummelsburg,
Taufen 1813–1880, S. 475 links u. rechts. | 11 EZAB, KB, Berlin-Stadt I, Arbeitshaus Rum-
melsburg, Bestattungen 1836–1847, S. 51 links u. rechts. | 12 Eine weitere Vorzeichnung:
»Der M_ Achmed« von Franz Krüger, o. D., Pastell, Privatbesitz (ehem. Nachlass Cerrini), in:
Ausst.-Kat. Berlin 1987, S. 497, Abb. 215. | 13 Vgl. Nürnberger Abendblatt 1844, o. S. [S. 3].
| 14 Vgl. Friedrich/Neuhäuser 2018, S. 28. | 15 Vgl. Preußische Wehr-Zeitung 1851, S. 1791.
| 16 Joladur an Pückler, 16. 10. 1853, zitiert nach Friedrich/Neuhäuser 2018, S. 29. | 17 Vgl.
Außerordentliche Beilage 1861, S. 4705. – Vorträge auch noch 1871, siehe Feuilleton 1871,
S. 276. | 18 GStA PK, BPH Rep. 113, Nr. 2182, o. Fol. | 19 EZAB, KB, Berlin-Stadt I, Oberpfarr-
und Domkirche zu Berlin, Gesamtkirchenbuch 1858–1863, fol. 6. | 20 GStA PK, BPH
Rep. 113, Nr. 2190, o. Fol. | 21 Siehe Kapitel 15 in diesem Buch. | 22 Allgemeiner Wohnungs-
anzeiger 1851, S. 367. | 23 GStA PK, BPH Rep. 113, Nr. 2190, o. Fol. | 24 Vgl. Heidelberger
Zeitung 1905, S. 851. | 25 Vgl. LATh–HStA Weimar, Hofmarschallamt Nr. 3517. – Vgl. LATh–
StA Gotha, Sachsen-Ernestinischer Hausorden und Medaillen der Herzöge Nr. 9338.
| 26 Vgl. Heidelberger Zeitung 1905, S. 851. – Vgl. LATh–HStA Weimar, Hofmarschallamt
Nr. 3517, fol. 170v–171v.

Die Sammlungen der Schlösser sind reich an Objekten und Kunstwerken, die Pracht, Macht und Weltgeltung der Monarchen und ihrer Höfe zur Schau stellen. Gerade diese Objekte sind häufig Ausdruck eurozentristischer Ansprüche und kolonialer bzw. orientalisierender Vorstellungen. Manche Objekte wären ohne koloniale Ausbeutung nicht nach Preußen in die Schlösser und Gärten gelangt. Der weltweite Handel mit Kolonialwaren und begehrten Luxusartikeln war nicht selten mit dem Versklavungshandel verbunden. Diese kolonialen Verflechtungen sollen anhand einiger Sammlungsstücke beispielhaft aufgezeigt werden. Auch in Zukunft werden die Forschungen zu diesem Thema fortgeführt, denn die SPSG steht in der Pflicht, den Zugang zu den Sammlungen zu gewährleisten und alle Erkenntnisse und Informationen der Öffentlichkeit zur Verfügung zu stellen.

SAMMLUNGEN

KUNSTKAMMER– REGAL

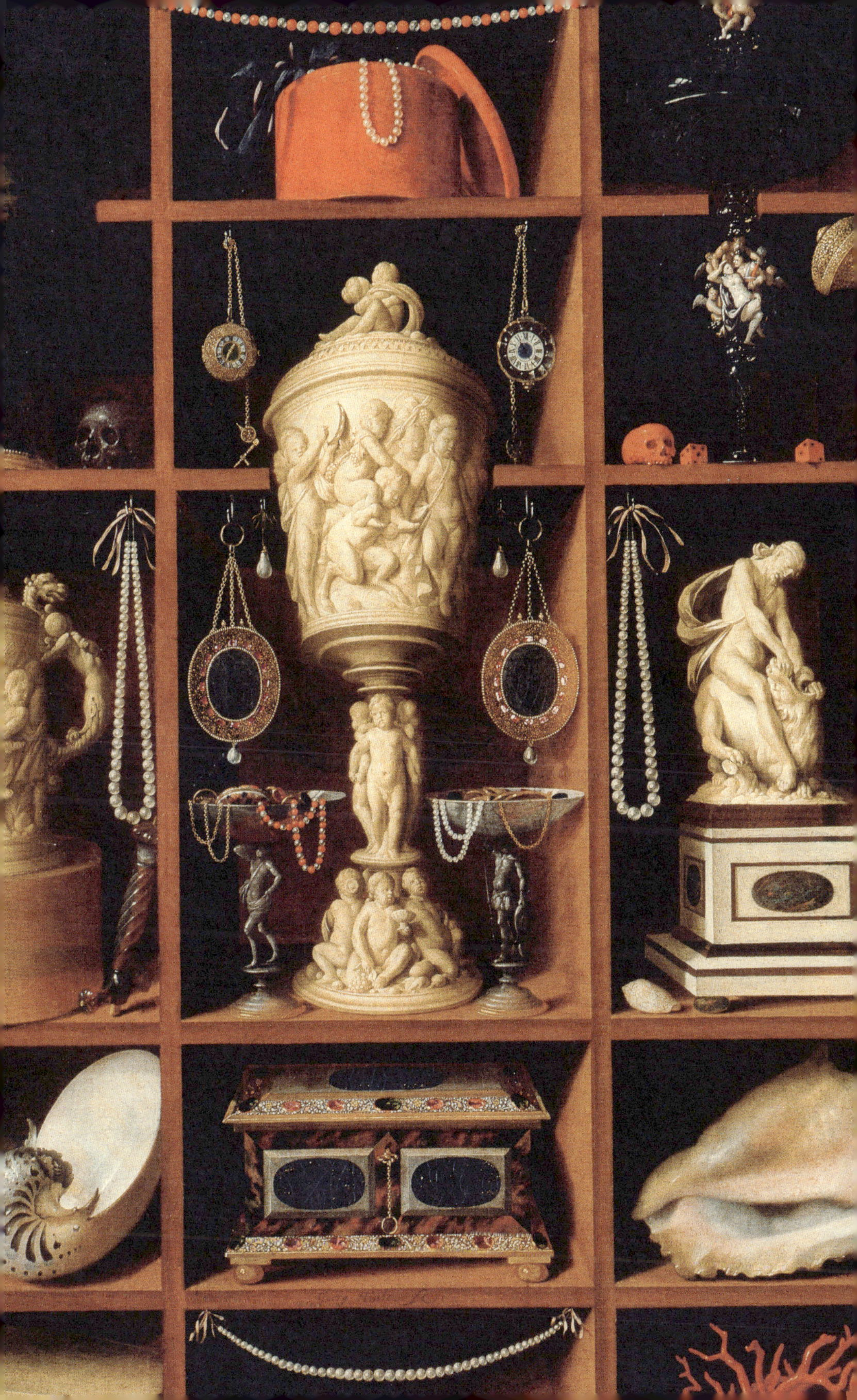

Schönheit, zum Greifen nah

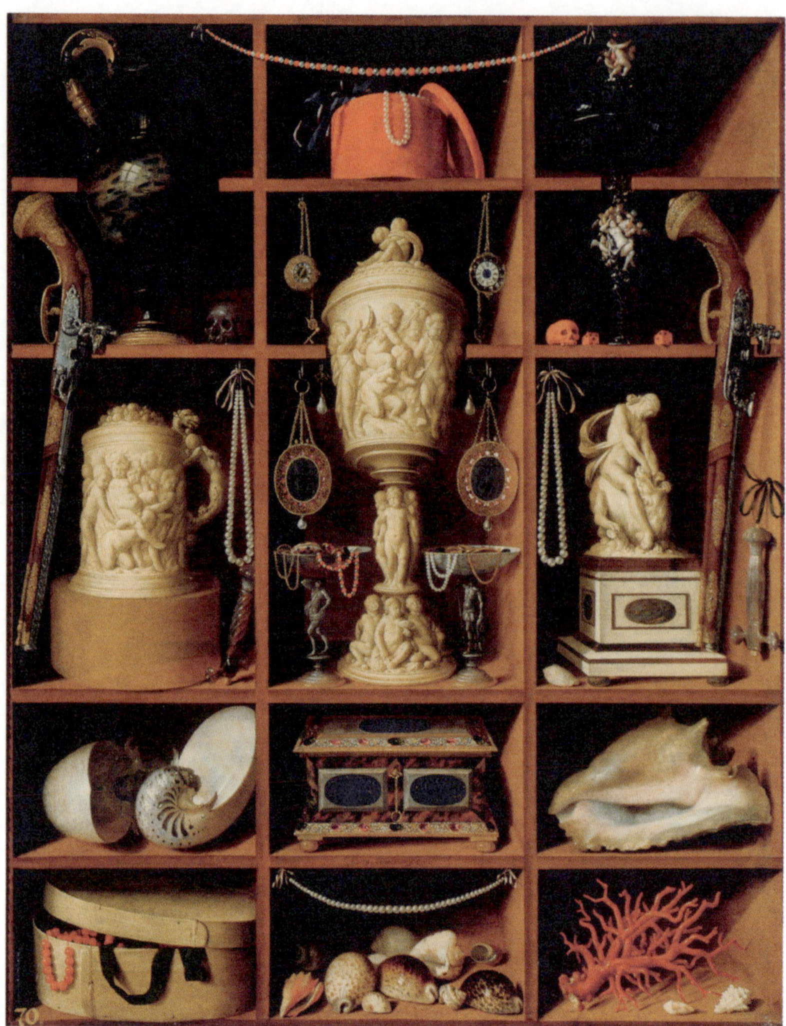

Abb. 1 Georg Hainz
Kunstkammerregal, um/nach 1666
Öl auf Leinwand, 128 × 102 cm
SPSG, GK I 3002, Schloss Caputh

Um 1666 entstand das Gemälde *Kunstkammerregal* vom Hamburger Stilllebenmaler Georg Hainz. In einem Regal mit 15 Fächern werden wertvolle Objekte aus einer Vielzahl an kostbaren Materialien gezeigt. Zu sehen sind Schätze aus geschnittenen Halbedelsteinen, wie zum Beispiel die Karaffe aus Achat. Perlen und Korallenketten sind geschickt im Bild drapiert, um den Bildraum zu vertiefen. Ebenso hängen zwei Pistolen vor dem Regal mit demselben Effekt. Schalen, Pokale und Statuetten wirken wie eigenständige Kunstwerke in diesem Bild. In den unteren Fächern sind Naturalien wie Muscheln detailgenau wiedergegeben.

In der Mitte des Regals steht ein großer Elfenbeinpokal mit Deckel, ein Werk von Joachim Henne, einem der angesehensten Elfenbeinschnitzer des Barock. Um 1663 bis 1665 war er gleichzeitig mit Hainz in Hamburg tätig.[1] Auf dem Pokal sind Szenen eines Putten-Bacchanals dargestellt, also Putten beim Gelage des Weingotts Bacchus. Die rückseitige Szene des Pokals hat der Maler auf dem Elfenbeinhumpen im Fach links wiedergegeben. Hier wird der betrunkene Bacchus von Putten gestützt.

Durch die täuschend echte Darstellung scheint das Bild in den Rahmen hineinzureichen. Diese Malweise wird *trompe l'oeil* genannt, französisch für »täusche das Auge«. Georg Hainz nutzte dabei den Setzkasten als virtuellen Raum, indem er die Objekte nah an die Bildoberfläche heranbrachte. Der damit verbundene Realismus der Gegenstände lässt die Vermutung aufkommen, dass sie aus einer konkreten Sammlung stammen, welche aber bis heute nicht nachgewiesen werden konnte.[2]

Viele der dargestellten Gegenstände im Kunstkammerregal sind Symbole der *Vanitas*, also Sinnbilder für die menschliche Vergänglichkeit. Diese für die Zeit des Barock typische Bildsprache steht im Spannungsfeld zwischen den Sentenzen *carpe diem* (Nutze den Tag) und *memento mori* (Bedenke, dass du sterben wirst). Auf dem Kunstkammerregal sind diese Dualitäten ebenfalls zu finden. Den spielenden Putten und den Trinkgefäßen als Bestandteile weltlicher Lust werden Totenköpfe und Taschenuhren als Vergänglichkeitssymbole entgegengesetzt.

Die eigentliche Kunstkammer des Kurfürsten Friedrich Wilhelm von Brandenburg weist ähnliche Schwerpunkte auf wie das Kunstkammerregal. Im Kunstkammerinventar von 1688, dem Toteninventar des Kurfürsten, bilden die »Geschnitzt=und Gedrechselten Kunstsachen«, auch *Artificialia* genannt, den Großteil der Sammlung, gefolgt von den *Naturalia*, den seltenen Naturobjekten.[3]

| CONSTANTIJN JOHANNES LELIVELD

Keine Pracht ohne Kolonialismus

Die Gegenstände auf diesem Bild würde man ebenfalls als *Naturalia* und *Artificialia* einordnen. Die Schmuckdose unterhalb des Elfenbeinbechers ist aus Schildpatt, besetzt mit Lapislazuli, welches aus dem heutigen Afghanistan stammt. Schildpatt wurde im 17. Jahrhundert genutzt, um Möbel zu furnieren, und bezeichnet das Rückenschild der Schildkröten, die in tropischen Gewässern, hier wahrscheinlich aus dem Roten Meer oder dem Indischen Ozean, beheimatet sind. Auch die abgebildeten Muscheln stammen aus tropischen Gewässern. Links von der Schmuckdose sieht man eine Nautilusmuschel, die im westpazifischen Ozean vorkommt. Die Muschel rechts könnte die karibische Riesenflügelschnecke sein.

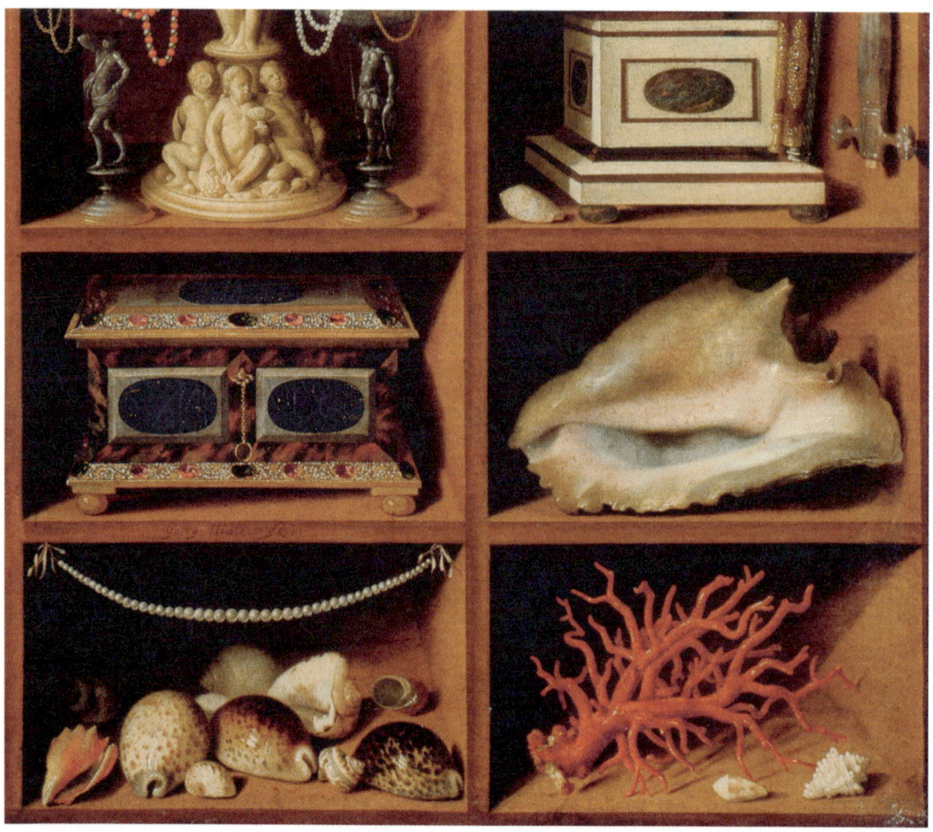

Das Sammeln in den Kunstkammern war motiviert durch den Reprä-
sentationsanspruch weltlicher Macht. Der Makrokosmos Welt sollte
im Mikrokosmos Kunstkammer gesammelt und besessen werden.
Somit sind Kunstkammern Abbilder der weltlichen Macht ihrer Besit-
zer:innen. Handelsexpeditionen der europäischen Großmächte zielten
darauf ab, außereuropäische Waren zu erhalten. So gründete Kurfürst
Friedrich Wilhelm 1682 die Brandenburgisch-Afrikanische Compagnie
im Bestreben, direkten Zugang zu diesen Materialien zu erlangen.
Der Versklavungshandel ist eine Praxis des Kolonialismus, um Profite
durch unbezahlte Arbeit zu erhöhen. Viele der Materialien auf dem
Gemälde von Hainz zeigen Verbindungen zum Kolonialismus auf oder
sind sogar im Versklavungshandel eingesetzt worden.

So wurden Kaurimuscheln, unten mittig im Regal, in Bengalen
als Zahlungsmittel im Sklavenhandel verwendet.[4] Die Niederländische
Ostindien-Kompanie verkaufte Kaurimuscheln von den Malediven
an die Niederländische Westindien-Kompanie, welche diese dann im
Versklavungshandel an der Küste Westafrikas nutzte.[5] Auch rote
Koralle aus Italien in Form von Ketten wurde verwendet.[6] Perlen wurden nach dem gewaltvollen Eindringen der Spanier in Südamerika
von dort nach Europa verschifft. An der Nordküste des heutigen
Venezuelas, besonders bei der Insel Margarita, sorgten die reichen
Austernbänke für einen Ansturm der Spanier.[7] Später begannen auch
die Niederländer, an der Südwestküste Indiens, der sogenannten
Coromandelküste, Perlen zu fischen, was zu gewaltvollen Ausein-
andersetzungen mit der Lokalbevölkerung führte.[8]

Somit erzählt das Kunstkammerregal mindestens zwei
Geschichten. Eine zeigt den Herrschaftsanspruch und Reichtum eines
Monarchen; die andere, wie durch koloniale Praktiken der europäi-
schen Handelskompanien diese Gegenstände und Materialien nach
Europa gekommen sind.

| CONSTANTIJN JOHANNES LELIVELD

| 1 Ausst.-Kat. Hamburg 2010, S. 104. | 2 Vgl. Segelken 2009, S. 38. | 3 Segelken 2009,
S. 144. | 4 Vgl. Hogendorn/Johnson 1986, S. 14f. | 5 Vgl. Ausst.-Kat. Amsterdam 2021, S. 11.
| 6 Vgl. Raveaux 2020. | 7 Vgl. Warsh 2018, S. 32f. | 8 Vgl. Ravichandran 2012, S. 320.

ALLEGORIE AUF DEN ERDTEIL AFRIKA

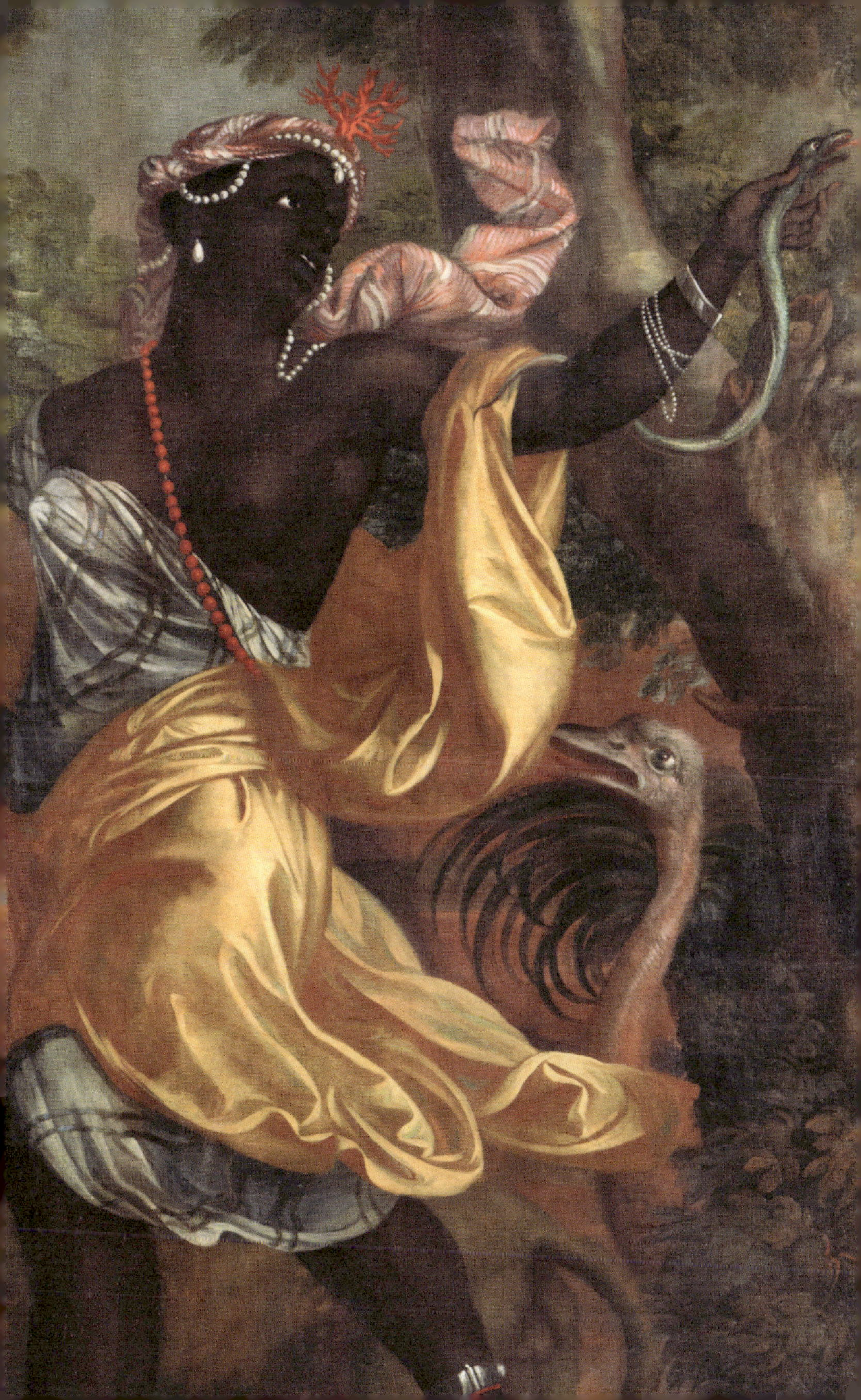

Herrschaftsansprüche in Erdteilallegorien

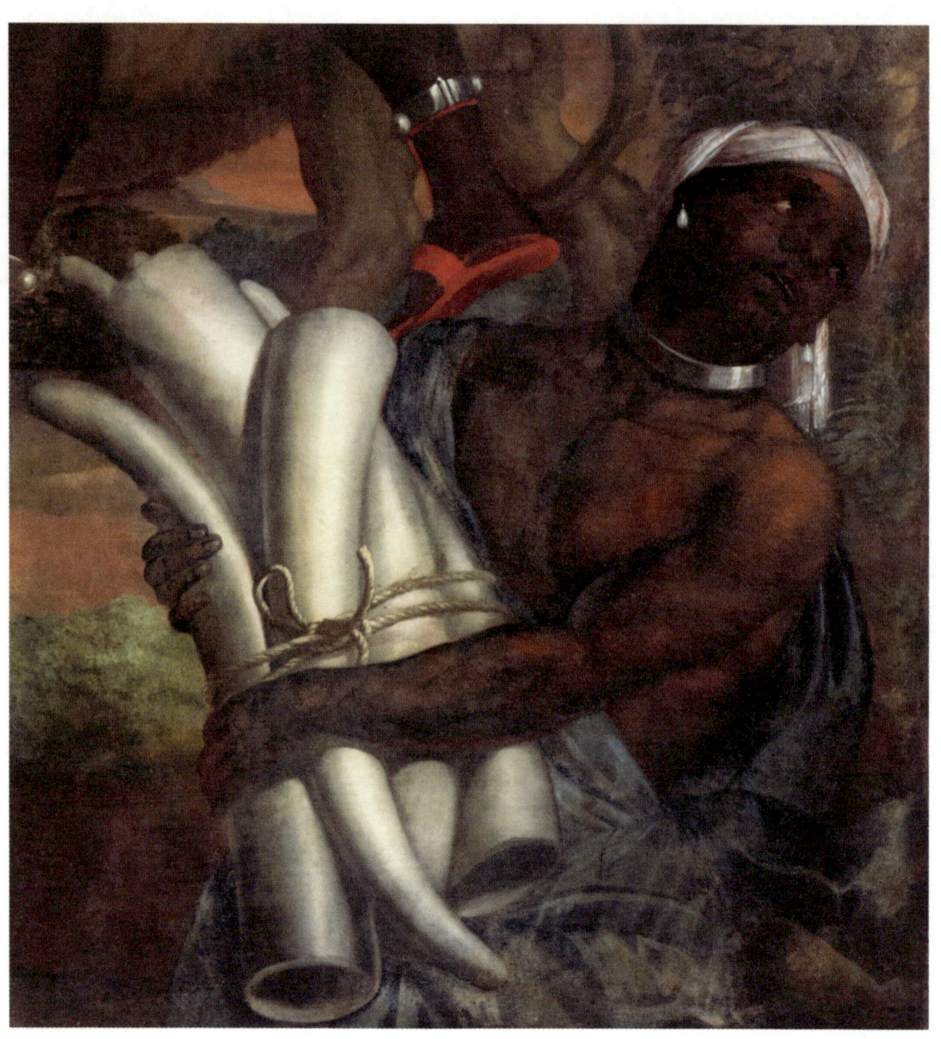

Detail aus Abb. 1

Erdteilallegorien waren vom 16. bis zum 18. Jahrhundert ein beliebtes Thema in der europäischen Kunst. Im höfischen Kontext wurden sie in Schlossausstattungen als Repräsentationsmedium genutzt, um den Hoheitsanspruch der Herrscher zu verdeutlichen. Die 1694 entstandene *Allegorie auf den Erdteil Afrika* wurde vom brandenburgischen Hofmaler Augustin Terwesten für König Friedrich I. in Preußen geschaffen und gehörte einst zur Ausstattung des Berliner Schlosses.[1] Sie ist Teil einer Serie von vier großformatigen Gemälden, die die Allegorien der Erdteile Europa, Asien, Afrika und Amerika darstellen. Diese werden durch weibliche Figuren personifiziert, die sich mit weiteren Figuren, Pflanzen und Tieren sowie typisierenden Accessoires umgeben.

Einer Hierarchisierung der Erdteile in der europäischen Kunst des 16. bis 18. Jahrhunderts folgend, wird dem Kontinent Afrika in der Gemäldefolge ein niedriger Rang zuerkannt.[2] Als fruchtbarer Kontinent, dem jedoch Reichtum und kulturelle Zivilisation abgesprochen wurden, erhielt er einen Platz hinter Europa und Asien. Vor allem seit der Publikation von Cesare Ripas *Iconologia* im Jahr 1604 hatte sich für Erdteilallegorien ein Kanon stereotyper Darstellungsformeln herausgebildet.[3] Die Wiedergabe der Personifikation Afrikas als leicht bekleidete, neben einem Löwen stehende weibliche Figur gehörte ebenso dazu wie die Wiedergabe von Schlangen, Korallen, Pflanzen und Tieren.

Auch die Handelsinteressen der europäischen Herrscher spielten in den Erdteilallegorien des Barock eine Rolle. Im Gemälde Terwestens wird dies durch eine männliche Schwarze Figur im Vordergrund verdeutlicht, die ein Bündel Elefantenstoßzähne abtransportiert und einen silbernen Reif um den Hals trägt, wie er versklavten Frauen und Männern umgelegt wurde. Diese Motive verweisen auf die Rolle Afrikas, die ihm die europäischen Kolonialmächte als »Lieferant« begehrter Rohstoffe sowie »menschlicher Ware« (d. h. versklavten Afrikaner:innen) zuwiesen. Kurbrandenburg betrieb seit 1682 über die Brandenburgisch-Afrikanische Compagnie Handel mit Afrika und baute Festungen entlang der Küste. 1682 wurde in Ghana der brandenburgische Handelsstützpunkt Großfriedrichsburg gegründet. Neben Gold wurden Elfenbein und Gummi gehandelt. Auch beteiligte sich Brandenburg in nicht unerheblichem Maße am Versklavungshandel.[4]

| ALEXANDRA NINA BAUER

Europa zuerst, damals und heute

Die Allegorien auf die vier Erdteile von Augustin Terwesten ordnen die dargestellten Kontinente in eine Hierarchie ein, die jahrhundertelang aus europäischer Sicht Bestand haben sollte und bis heute überdauert. Terwesten repräsentiert Europa als eine Sammlerin irdischen und himmlischen Wissens, als eine Meisterin der Künste und mit dem Kreuz in der Hand und Waffen im Rücken als kriegerische Verfechterin der christlichen Religion. Die Allegorie Amerikas zeigt dagegen eine Amazone, die mit Pfeil und Bogen im Kampf über die Körper ihrer Gegner steigt. Mit ihrem durch starke Emotionen gezeichneten Gesichtsausdruck, der spärlichen Kleidung sowie dem Kannibalen im Hintergrund bringt Terwesten die damals geglaubte Primitivität des Kontinents zum Ausdruck. Die Darstellung Asiens erhält »orientalische« Attribute, wie Weihrauch, Gold und Edelsteine, die den Kontinent als Ort abbilden, der seine verführerischen Schätze offenbart. Im 17. Jahrhundert bot Asien Rohstoffe und Luxusobjekte, die Europäer:innen zu besitzen begehrten. Die Figuren in der Allegorie auf den Kontinent Afrika laufen als Zug durch eine imaginierte Landschaft mit Palmen und weiteren Pflanzen. Perlen, Korallen, Elfenbein und versklavte Menschen werden als Reichtümer Afrikas zur Schau gestellt. In dieser Hierarchie manifestiert sich ein Herrscherlob für Kurfürst Friedrich III. kurz vor seiner Krönung zum König.[5]

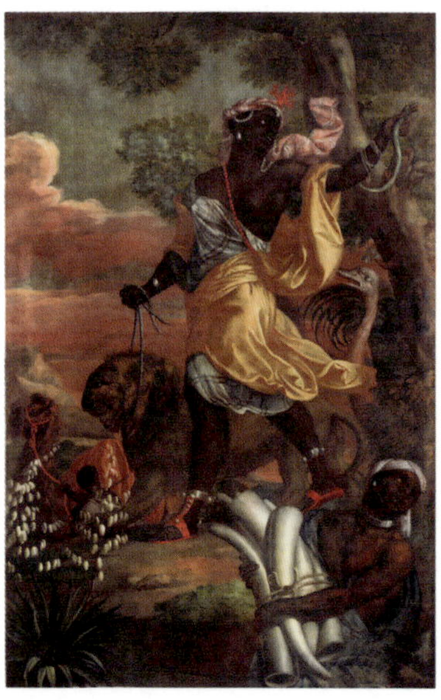

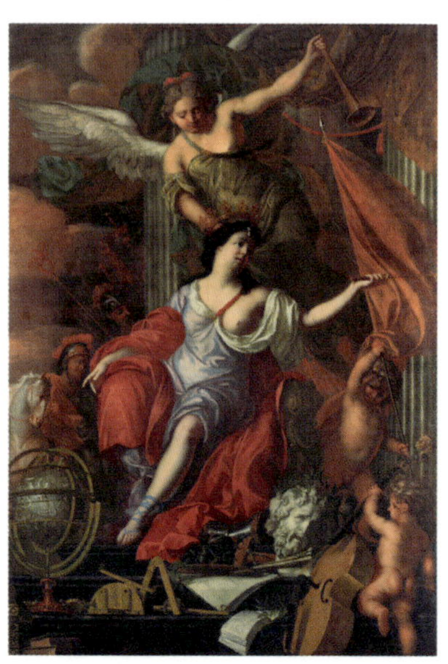

Abb. 1 | 2   Augustin Terwesten
Allegorie auf den Erdteil Afrika,
Allegorie auf den Erdteil Europa, 1694
Öl auf Leinwand, 295 × 193 cm , 294 × 207 cm
SPSG, GK I 5177 und 5179,
Schloss Charlottenburg

Abb. 3 | 4   Augustin Terwesten
Allegorie auf den Erdteil Asien,
Allegorie auf den Erdteil Amerika, 1694
Öl auf Leinwand, 293 × 203 cm, 290 × 197 cm
SPSG, GK I 5176 und 5178,
Schloss Charlottenburg

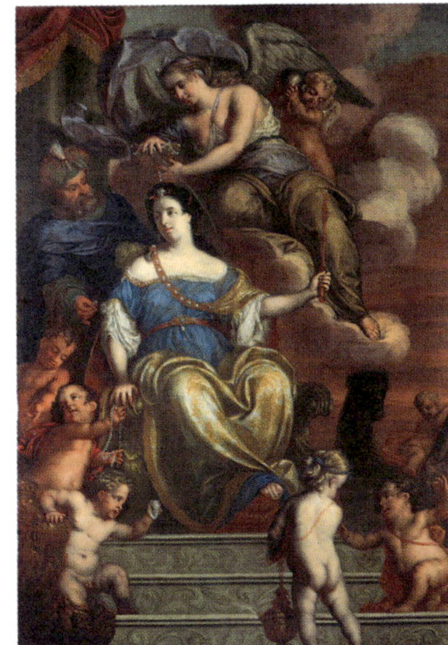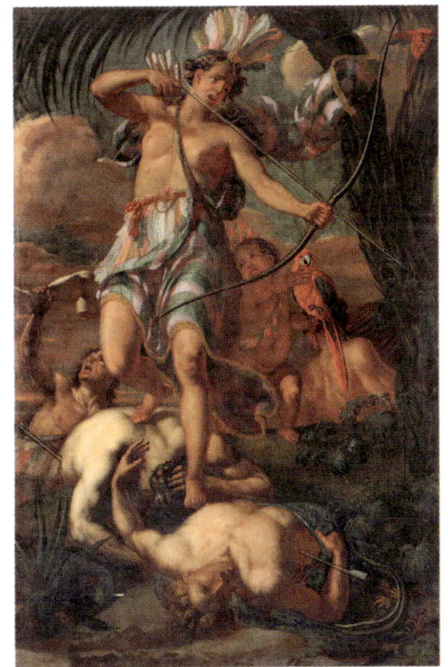

Weitere Facetten leiten sich aus der Reihenfolge der Gemälde ab.
Auf den Darstellungen von Europa und Amerika fällt das Licht von
links ein. In den Darstellungen Asiens und Afrikas hingegen kommt
die Helligkeit von rechts. Terwesten setzte das Licht in seinen Bildern
bewusst als dramatischen Effekt ein.[6] Möglicherweise weist der Licht-
einfall daher auf die Abfolge dieser Serie hin, worin Europa mit dem
Kreuz auf das unzivilisierte Amerika zeigt. Die Christianisierung der
wilden Amazonen und der Kannibalen wurde als Topos in der christlichen Ikonografie verwendet.[7] Diese Reihenfolge stellt die *Alte Welt*,
Europa und Asien, der *Neuen Welt*, Amerika und Afrika, gegenüber.
Afrika erscheint im Vergleich zu Amerika gezähmt und kontrolliert.

Bruchstücke dieser Hierarchie haben sich bis heute erhalten.
Im Supermarktregal geraten wir an »Südafrikanischen Roibusch« vor
einer afrikanischen Savannenlandschaft mit Giraffe, Elefant und
Leopard. Auch »Orientalischer Gewürztee« wird als Genuss aus 1001
Nacht mit Bildern von Minaretten und einer Öllampe à la Aladin
beworben. Hinter diesen scheinbar harmlosen exotisierenden Motiven
stecken Bilder, die unser tagtägliches Verständnis der Erdteile, für
die sie stehen, beeinflussen. Die dabei bestimmenden Vorurteile
können heute noch rassistische Züge annehmen, wenn die vermeintliche Überlegenheit Europas zum Ausdruck kommen soll.

| CAROLIN ALFF

| 1 Vgl. Ausst.-Kat. Berlin 1995, S. 118. | 2 Zur Ikonografie der Erdteilallegorien siehe u. a.
Poeschel 1985 und im preußischen Kontext Lind 2001. | 3 Siehe Poeschel 1985, Lind 2001.
| 4 Vgl. Van der Heyden 1993. – Weindl 2001. | 5 Vgl. Lind 2001, S. 333. | 6 Vgl. Wiesinger
1995, S. 70, 72. | 7 Vgl. Massing 2016. – Will 1996.

19

PORZELLANKABINETT IM SCHLOSS CHARLOTTENBURG

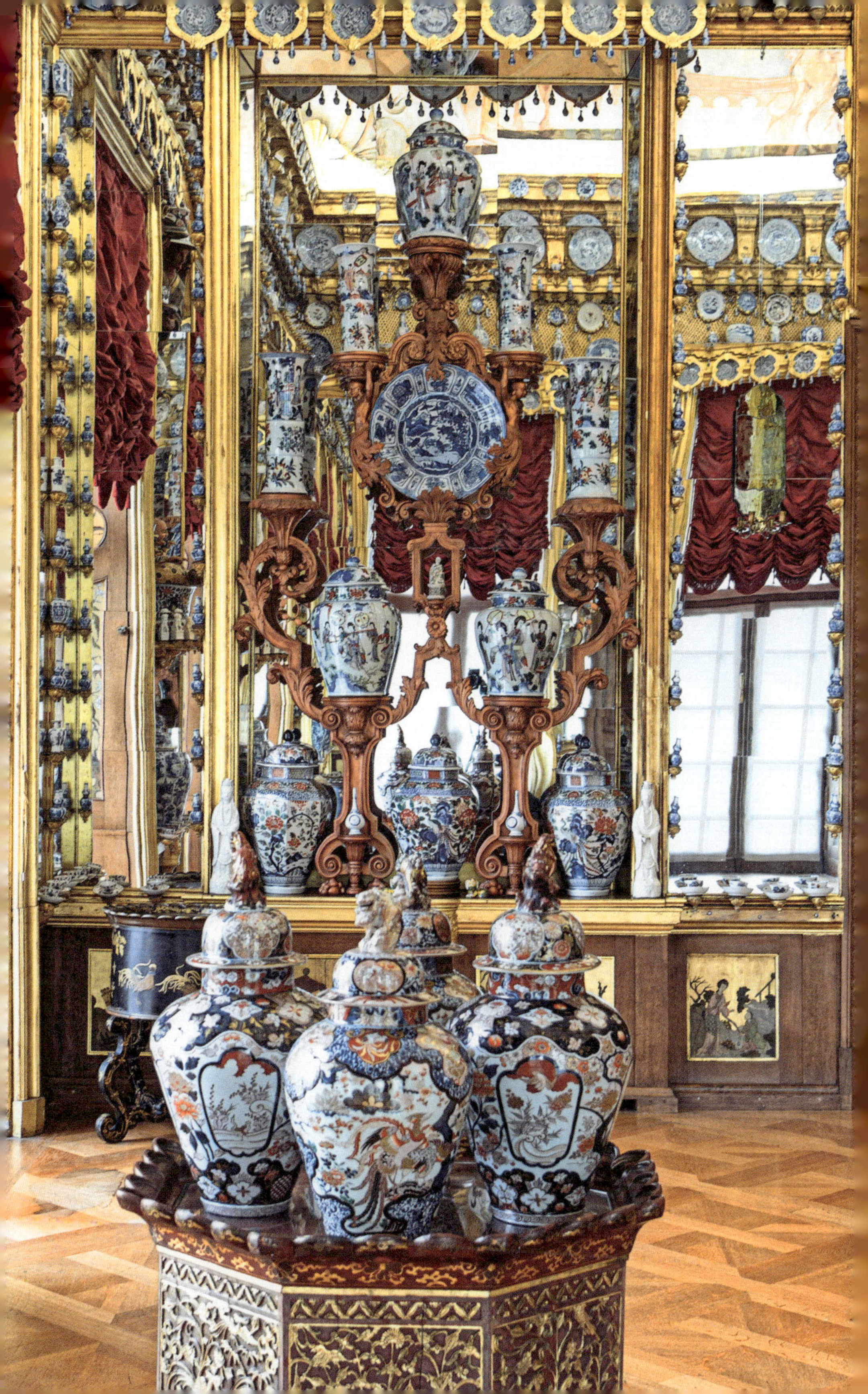

Porzellane aus Jingdezhen in Charlottenburg

Das Porzellankabinett im Schloss Charlottenburg ist ein Produkt der transkulturellen Bewegungen von Gütern, Bildern und Ideen im 17. und frühen 18. Jahrhundert. Die Verbindung von Brandenburg mit den Niederlanden war die Voraussetzung für die Einrichtung beider Porzellankammern in den Schlössern Oranienburg und Charlottenburg. Die Kurfürstin Luise Henriette von Nassau-Oranien ließ 1662 ein Kabinett in Oranienburg in holländischer Tradition einrichten. Ihr Sohn, Kurfürst Friedrich III., ab 1701 König Friedrich I., integrierte im Zuge der Erweiterung des Schlosses Charlottenburg eine Porzellankammer in die fürstlichen Appartements. Offiziell eingeweiht wurde die Kammer am 5. Dezember 1706. Gelegen am Ende der Enfilade, zelgt es nicht nur den Geschmack und Reichtum des Besitzers, sondern auch die dynastische Verbindung zum Hause Oranien und den Niederländern.[1] Die niederländische Handelskompanie VOC (Niederländische Ostindien-Kompanie) war der größte Importeur von Porzellan für Europa zu der Zeit.

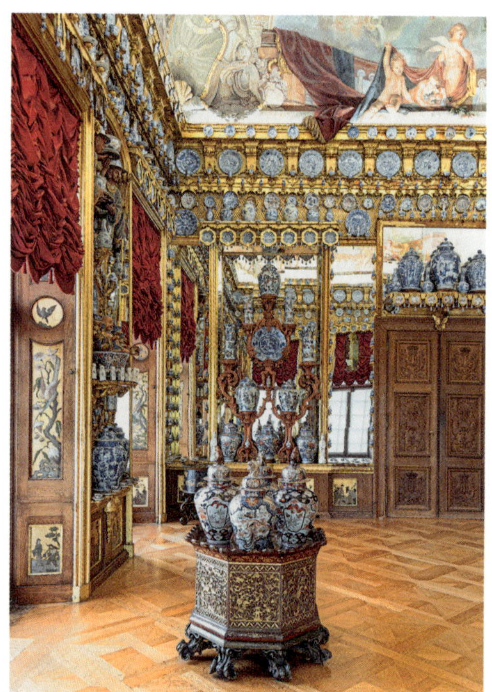

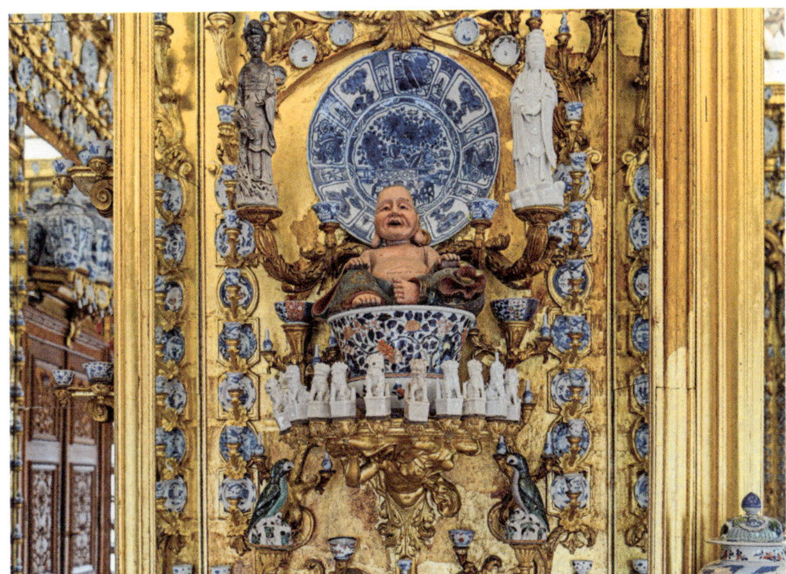

Abb. 2   Porzellankabinett
im Schloss Charlottenburg,
Detail des Wandschmucks

Das Porzellan stammte bis zur Erfindung des europäischen Hart-
porzellans in Meissen 1708 ausschließlich aus Ostasien. Das Zentrum
der Porzellanproduktion in China war in der Stadt Jingdezhen. Von
dort stammen die meisten chinesischen Stücke im Charlottenburger
Porzellankabinett. In der Yuan-Dynastie, in der Zeit der Besetzung
Chinas durch die Mongolen, begann in Jingdezhen die Produktion der
berühmten Blau-Weiß-Dekore mit dem Pigment Kobalt aus Persien.

Die Periode zwischen der Schließung der kaiserlichen Brennöfen der Ming-Dynastie (1368–1644) 1620 und der Wiedereröffnung
der kaiserlichen Brennöfen der Qing-Dynastie (1644–1911) im Jahr
1683 bezeichnet man häufig als *transitional period*.[2] Besonders viele
Stücke im Porzellankabinett, zum Beispiel die vielfarbigen Vasen und
Deckeltöpfe der Shunzhi-Dynastie (1644–1661) an der Ostwand des
Kabinetts (Abb. 1), stammen aus dieser Zeit.

In Europa riefen die Objekte Faszination hervor, zugleich wusste
man sehr wenig über sie. Daher wurden sie oft als *indianisch* bezeichnet – ein geografischer Sammelbegriff, der nur aussagte, dass die
Objekte aus Übersee stammten. Sie wurden in Europa nach den Dekoren
kategorisiert, wobei man französische Begriffe verwendete. So grup-
pierte man chinesische Porzellane mit grünem Oberglasurdekor als
famille verte, wie zum Beispiel die Vasen und Deckeltöpfe der Shunzhi-
Dynastie im Porzellankabinett. Diese kunsthistorische Methode ist
gut geeignet, um die Stücke zeitlich zu verorten. Doch sind die chinesischen Begriffe genauer: *Wucai* (chin. 五彩; fünf Farben) betont die
verwendeten Farbtöne Grün, Gelb, Rot, Türkis und Aubergine.

| CONSTANTIJN JOHANNES LELIVELD

Groteske und Versklavungshandel

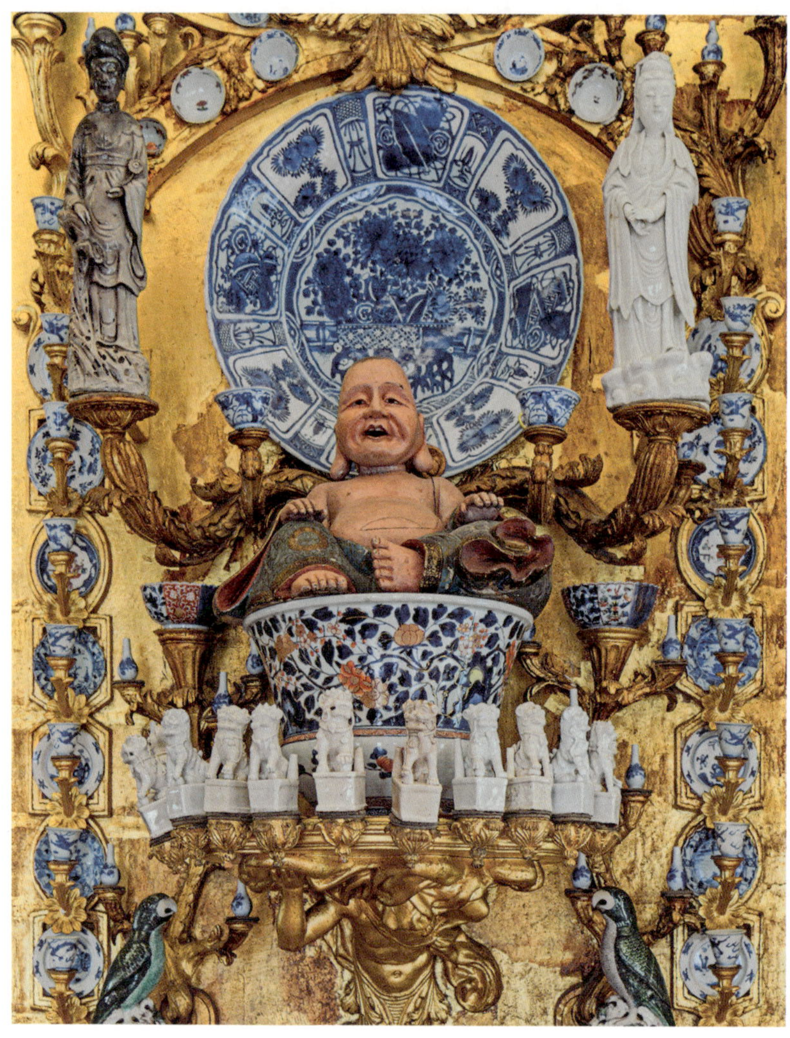

Die früheste nachweisbare Rezeption des Charlottenburger Porzellan-kabinetts ist von einer Betonung der Überlegenheit der Europäer geprägt. So steht im *Theatrum Europaeum* von 1718, »daß in Indien selbsten / ein so kostbahres Porcelain-Cabinett nicht zu finden sei; sondern die Indianer müsten nach Europa kommen / um zu lernen / wozu ihr rahres Poreclain zu gebrauchen sei.«[3]

Verstörend sind die Darstellungen von Chinesen im Kabinett. Es handelt sich dabei um Männer mit Porzellanschüsseln als Hüte und sitzende Figuren mit entblößten Oberkörpern (Abb. 2). Man nannte diese Figuren *Pagoden*, als abwertender Verweis auf die Götzen in den buddhistischen Tempeln oder Pagoden. Sie haben ihren Ursprung in den Darstellungen des *Budai* (chin. 布袋). Diese chinesische buddhistische Figur basiert auf dem Mythos des Mönches Budai, welcher als Inkarnation des Buddha Maitreya im Chan-Buddhismus angesehen wird. In Meissen produzierte man die *Pagoden* aus Porzellan. Die Meissener Stücke sind für heutige Betrachter:innen rassistische Darstellungen von Stereotypen. Wie auch die Figuren im Porzellankabinett haben sie große Münder und wackelnde Köpfe. Dies waren aber ebenso für die Macher im 18. Jahrhundert keine positiven Eigenschaften – so galt ein aufgerissener Mund als ein Zeichen für Gier.[4]

Ostasiatisches Porzellan ist bisher nicht in den Fokus von Debatten über Kolonialismus gerückt, da es sich, abgesehen von Objekten, welche im sogenannten Boxeraufstand 1900 aus dem Sommerpalast in Peking geplündert wurden, nicht um Raubkunst handelte. Vielmehr waren es Objekte, welche speziell für den Export hergestellt wurden. Trotzdem ist es möglich und notwendig, den Porzellanhandel mit den Praktiken des Kolonialismus zu kontextualisieren. Besonders eindeutig wird dies, wenn man sich den Versklavungshandel der VOC betrachtet.

Nachweisbar hat die VOC im Zeitraum von Juni 1621 bis November 1665 insgesamt 26 885 versklavte Personen auf eigenen Schiffen im Golf von Bengalen transportiert.[5] Viele Stücke des Kabinetts stammen aus dieser Zeit. Es gibt also eine Gleichzeitigkeit von Versklavungs- und Porzellanhandel. Es ist festzuhalten, dass ohne den Einsatz von Sklavenarbeit und dem damit verbundenen Versklavungshandel die VOC nicht konkurrenzfähig gewesen wäre.[6] Nur der Einsatz von Sklav:innen ermöglichte eine gewinnbringende Operation. Somit bedingte der Versklavungshandel den Überseehandel mit Ostasien und damit auch den Porzellanhandel.

| CONSTANTIJN JOHANNES LELIVELD

| 1 Vgl. Wittwer 2005, S. 83 f. | 2 Vgl. Little 1996, S. 47. | 3 Schneider 1718, S. 108. | 4 Vgl. Weber 2021. | 5 Vgl. Dijk 2008. | 6 Vgl. Ausst.-Kat. Amsterdam 2021, S. 32 f.

20

TAPISSERIE
DIE AUDIENZ BEIM KAISER VON CHINA

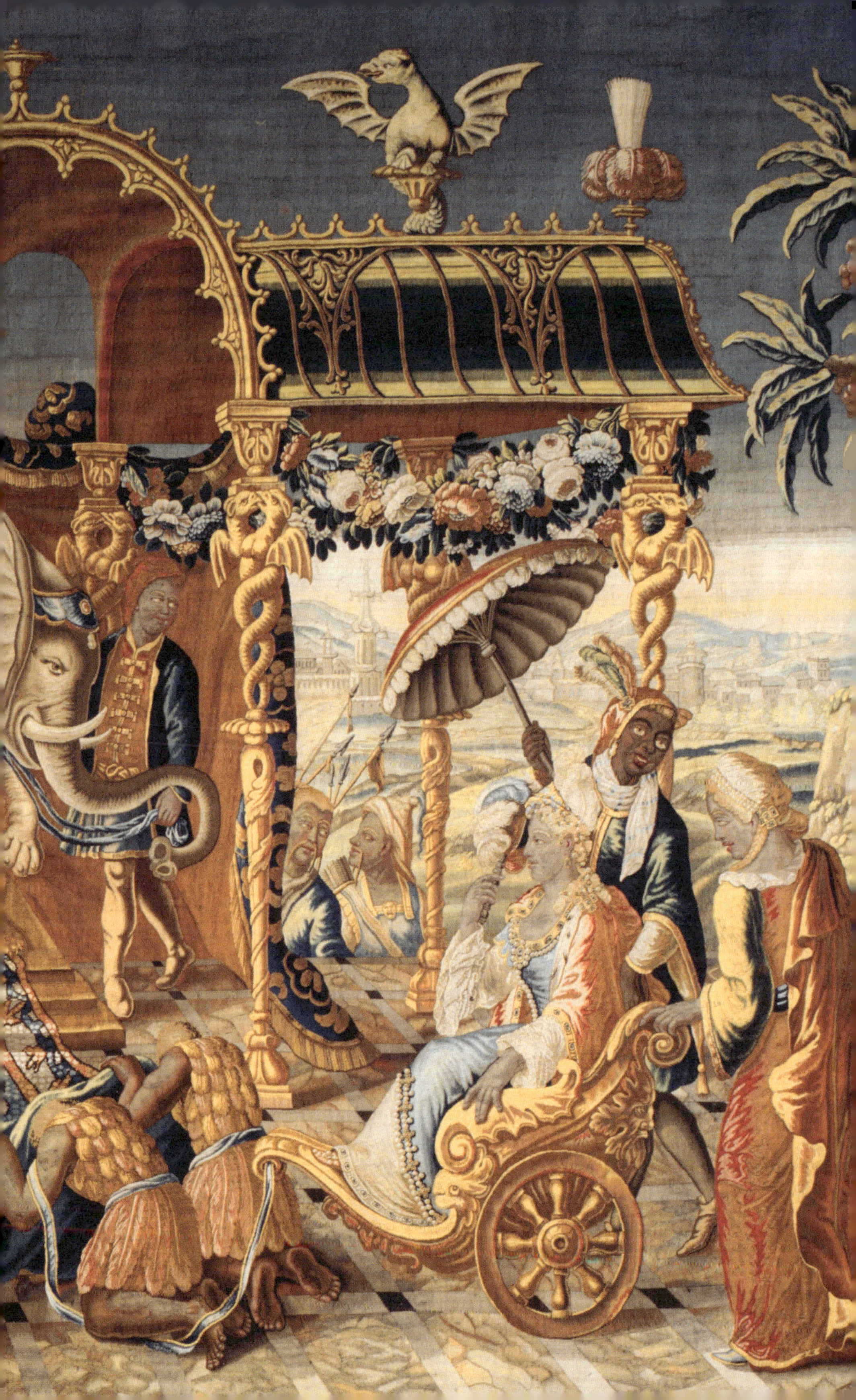

Europäische Begeisterung für China

Die Tapisserie *Die Audienz beim Kaiser von China* ist der zentrale Bildteppich einer Serie vielfiguriger Darstellungen vom Hof des chinesischen Kaisers, auch bezeichnet als *Großmogulfolge* oder *Mongolischer Kaiser*. Die Szene zeigt den Potentaten, der im Freien eine Gesandtschaft empfängt. Vier chinesisch gekleidete Männer knien zu seiner Rechten, einer trägt ihr Anliegen aus einem Schriftstück vor. Als Gastgeschenke haben sie üppige Früchte und Porzellan mitgebracht, die auf der linken Seite drapiert sind. Zur Linken des Kaisers nähert sich eine Dame in einer Rikscha, bei der es sich vermutlich um die Kaiserin handelt.[1]

Die Charlottenburger Großmogul-Tapisserien sind Hauptwerke der um 1715 in Berlin führenden Manufaktur Barraband, aus deren einstmals umfangreicher Produktion sich nur wenige Stücke erhalten haben. Die Kompositionen waren nicht in Berlin, sondern in der französischen Manufaktur von Beauvais entworfen worden. Die Wandteppichfolge *Geschichte des Kaisers von China* gehört zu den Spitzenwerken dieser führenden französischen Hofmanufaktur

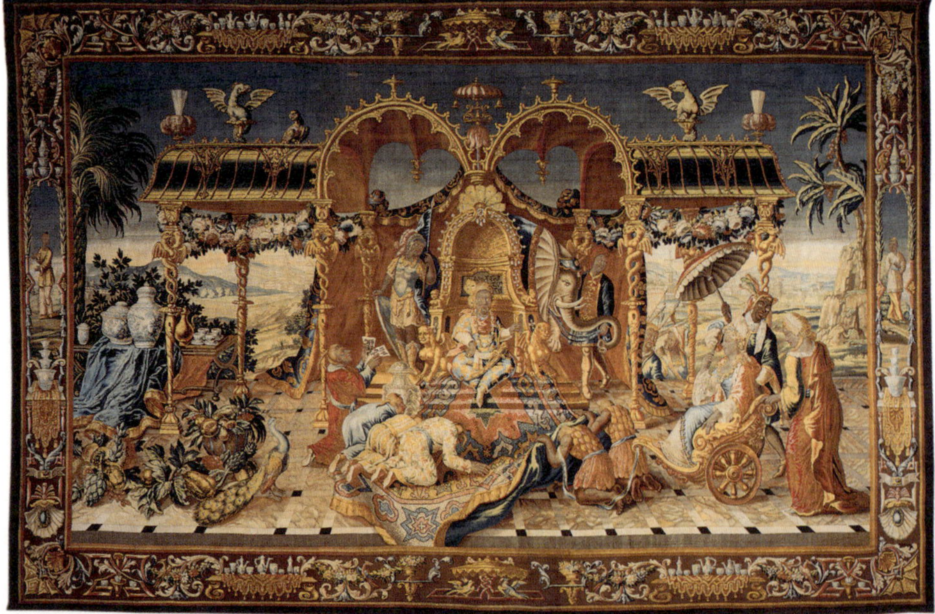

Abb. 1   Manufaktur Jean II. Barraband, Berlin
Die Audienz beim Kaiser von China, aus der sogenannten
Großmogulfolge, um 1715, Tapisserie, Wolle, Seide, 360 × 544 cm
SPSG, IX 1144 / DLn-056-F-063, Schloss Charlottenburg

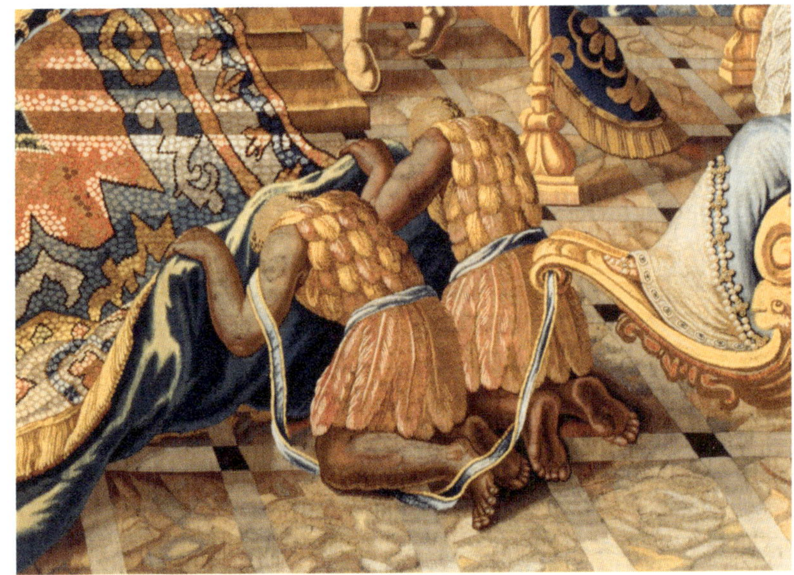

Detail aus Abb. 1   Nach Entwürfen von Guy-Louis Vernansal, Jean-Baptiste Blin de Fontenay, Jean-Baptiste Monnoyer erworben mit Unterstützung des Ernst von Siemens-Kunstfonds, der Freunde der Preußischen Schlösser und Gärten e. V. und der Kulturstiftung der Länder

(neben der Gobelins-Manufaktur in Paris).[2] Jean Barraband nutzte die Kartons (Entwürfe) der erfolgreichen Serie aus Beauvais für seine Berliner Bildteppichfolge.[3]

Das Bildprogramm der Wandteppichserie wurde inspiriert durch eine zu ihrer Zeit aufsehenerregende Begebenheit: den Besuch der Gesandtschaft des Königs von Siam (Thailand) 1686 am französischen Hof.[4] Das aufwendige Zeremoniell, die mitgebrachten Seidenstoffe und Porzellane sowie die im damaligen Europa kaum bekannten Gebräuche zogen höchste Aufmerksamkeit auf sich und wurden durch eine Vielzahl von Beschreibungen und Illustrationen festgehalten.[5]

Die Darstellungen der Tapisserie spiegeln die Begeisterung des frühen 18. Jahrhunderts für chinoise Elemente wider. Einzelmotive basieren auf Bildvorlagen europäischer Asien-Reisender der Zeit.[6] Ihre Einbettung in die Gesamtszenerie ist jedoch von europäischen Vorstellungen von China und dem chinesischen Hofleben geprägt.

Auch die Schwarzen Menschen in der Szenerie reflektieren europäische Vorstellungen: So trägt einer der Thronwächter des Kaisers eine für Schwarze Diener an europäischen Höfen typische Livree. Die rechts knienden Schwarzen Diener tragen Federröcke, die einer verbreiteten, stereotypen Darstellung der indigenen Bevölkerung Amerikas entsprachen, die der europäischen Fantasie entsprang. China-Ferne verrät bereits die Benennung der Tapisserieserie als *Großmogulfolge*. Aus europäischer Perspektive differenzierte man damals bei der als *ostindisch* bezeichneten Welt nicht zwischen China und Indien.

| SUSANNE EVERS

Koloniale Vorstellungen (colonial imaginary)

Die Tapisserie *Die Audienz beim Kaiser von China* hängt heute in Schloss Charlottenburg. Sie erinnert an den Besuch des Königs von Siam (dem heutigen Thailand) in Frankreich, ihre Motive und Bilder geben indes nicht den tatsächlichen Besuch wieder. Was in ihr aber zum Ausdruck kommt, ist ein eurozentrischer Blick auf die außereuropäische Welt.

Durch den Ausbau ihrer wirtschaftlichen Beziehungen kam es im Laufe des 17. Jahrhunderts zu einer Annäherung zwischen Frankreich und Siam. Mit der Gründung der kolonialen Französischen Ostindien-Kompanie festigten sich auch die diplomatischen Beziehungen zwischen den Königen beider Länder. Nach einem französischen Besuch in Siam 1685 wurde im darauffolgenden Jahr eine Delegation aus Siam nach Frankreich entsandt.

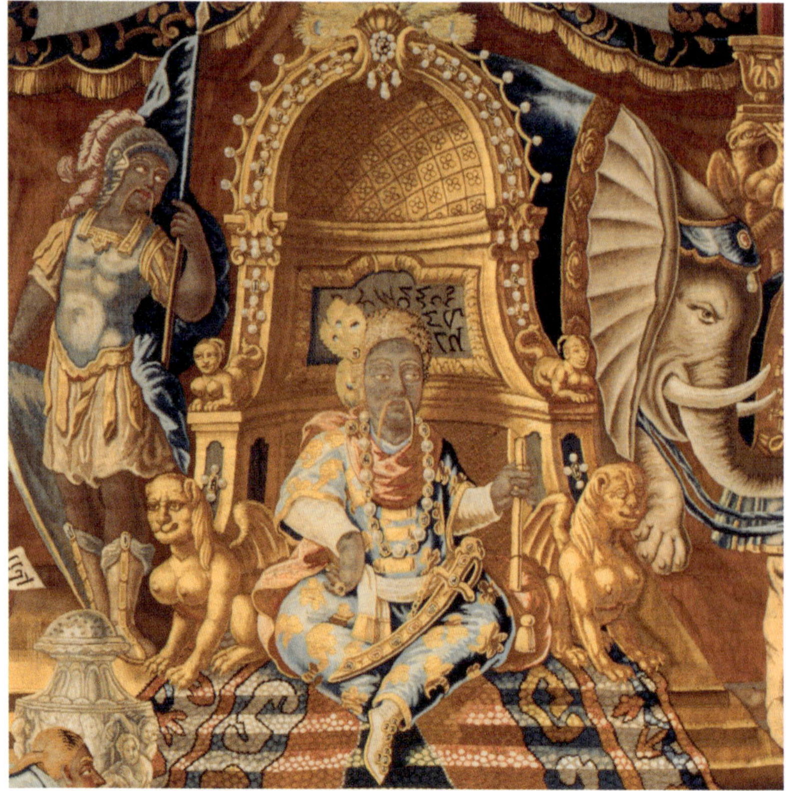

Detail aus Abb. 1

Bei ihrer Ankunft trug sie den siamesischen König auf einem offenen Thron oder *Butsabok* und überbrachte Geschenke für den Monarchen, darunter Gold, Schildkrötenpanzer, Teppiche sowie mehr als 1500 Porzellanstücke und Lackmöbel.[7] Einige dieser Gegenstände, wie der *Butsabok*, sind auf dem Wandteppich abgebildet. Die Bildsprache des Wandteppichs beruht jedoch eher auf rassischen und ethnischen Verallgemeinerungen als auf einer genauen Darstellung des Besuchs.

Das Verwischen ethnischer und kultureller Grenzen im Wandteppich ist das Ergebnis kolonialer Vorstellungen *(colonial imaginary)*. Häufig manifestieren sich diese Vorstellungen in der Verzerrung und Übertreibung von Gesichtszügen, Kleidung, Hautfarbe und ethnischer Identität. Die Kombination von Figuren und Objekten auf dem Wandteppich ist eine direkte Folge dieser eingebildeten, falschen Vorstellungen.

Die Bilder dienten vielfach zur Verzierung, transportierten jedoch auch eine bestimmte Wahrnehmung der Welt. In diesem Weltbild galten andere Menschen und Kulturen aber nicht einfach nur als anders, sondern als besonders ungewöhnlich, gerade weil sie anders, also »exotisch« waren. Um zu beschreiben, wie verschieden das »Exotische« vom europäischen Selbst war, wurde die Darstellung anderer Völker und Kulturen häufig übertrieben.
In vielen Fällen war der Wunsch, das »Exotische« zu sehen oder zu erleben, die Triebfeder für Tourismus, Diplomatie und Missionsreisen in kolonialer und postkolonialer Zeit.[8] Die Wahrnehmung der Europäer:innen von dem, was anders ist als sie, verdankt sich dem Vergleich zwischen dem »europäischen Selbst« und dem »nichteuropäischen Anderen«.[9] Während viele Reisende von Neugier getrieben wurden, entwickelte sich unter der Oberfläche die Exotisierung zu einer kolonialen Herrschaftspolitik, die auf rassistischen, sexistischen und imperialistischen Ansichten beruhte. Letztlich verfestigte sich dadurch ein eurozentrisches Weltbild, also ein solches, in dessen Mittelpunkt Europa steht und in dem nichteuropäische Völker und ihre Kulturen rassifiziert und exotisiert werden.

| HATEM HEGAB

| 1 Vgl. Standen 1976, S. 104. | 2 Vgl. Standen 1976, S. 103–117.   Bremer-David 1997, S. 80–97. | 3 Vgl. Windt 2000, S. 32 f. | 4 Schilling 2014, S. 256–261. | 5 Vgl. Windt 2000, S. 13–15. | 6 Vgl. Jarry 1980, S. 173–183. | 7 Vgl. McCabe 2008, S. 258. | 8 Vgl. Beyme 2008, S. 8. | 9 Said 1978, S. 14.

21

DER GEFANGENE SULTAN BAYAZET VOR TAMERLAN

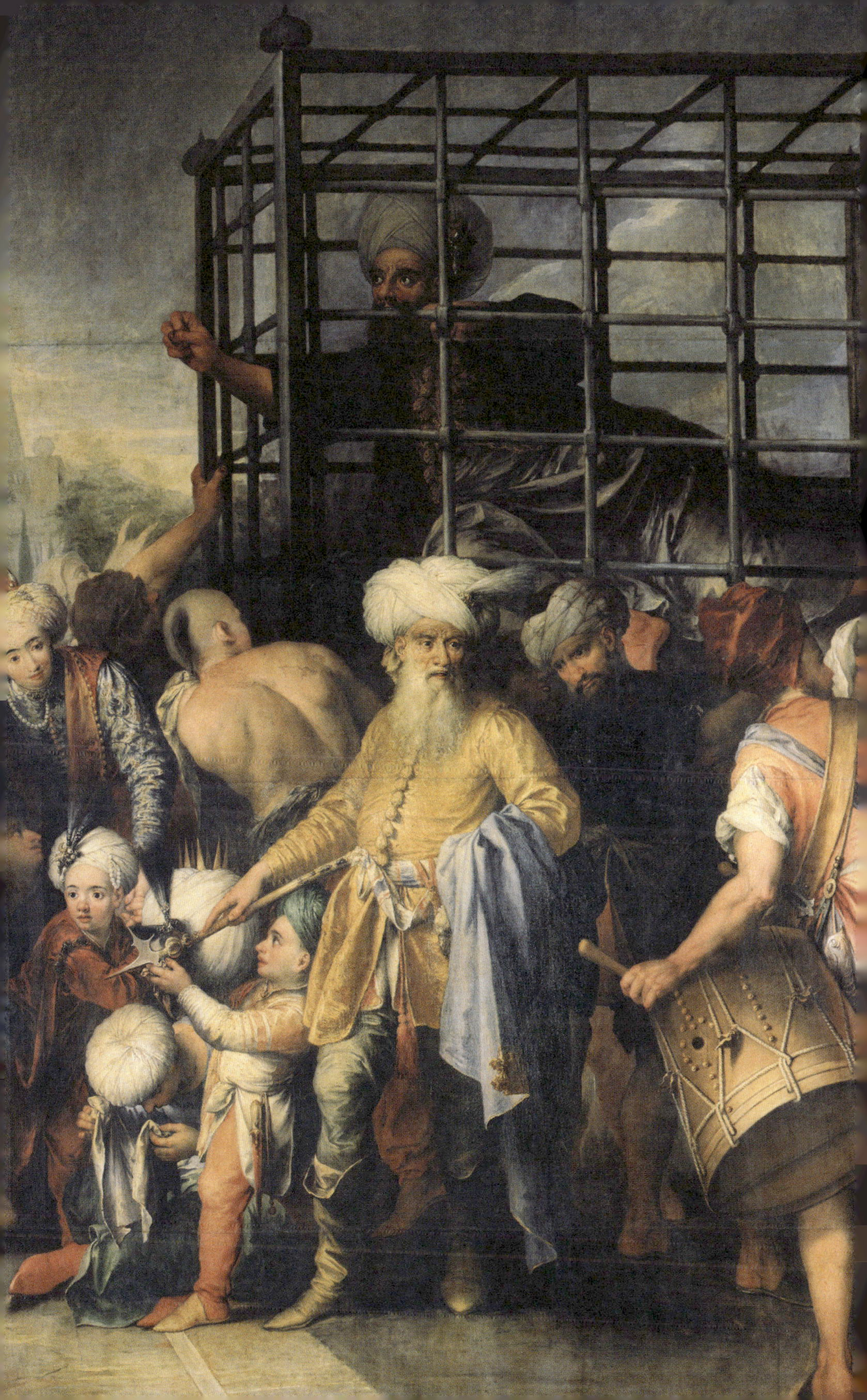

Triumph des Feldherrn Tamerlan

Der venezianische Maler Andrea Celesti gestaltete in seinem monumentalen Gemälde den Triumph des Feldherrn Tamerlan über den Sultan Bayazet. Historischer Hintergrund ist die Schlacht bei Ankara 1402, bei der die Armee des turko-mongolischen Emirs Tamerlan (Timur Lenk oder Timur-i Lang) die Truppen des osmanischen Sultans »Bayezit I.« besiegte. Dabei wurde der Sultan gefangen; er verstarb in Gefangenschaft. Diese Niederlage des Osmanischen Reiches gilt als eine der schwersten seiner Geschichte.

Im 17. und frühen 18. Jahrhundert bot das Ereignis Stoff für eine Reihe von Theaterstücken und Opern. Fantasievoll ausgeschmückt, verbreitete sich die Geschichte etwa durch das musikalische Drama von Giulio Cesare Corradi *Il gran Tamerlano* (*Der große Tamerlan*), das 1689 in Venedig aufgeführt wurde.[1] Verschiedene Motive des Stücks finden sich auf Celestis Gemälde wieder. Er griff Corradis Beschreibung des Triumphzugs vor dem siegreichen Feldherrn Tamerlan mit Thron auf; ebenso den »belustigenden Anblick«, den Bayazet in dem eisernen Käfig bot, den der Sultan eigentlich für Tamerlan vorgesehen hatte.[2] Wütend droht Bayazet dem Emir, weil der ihn zusätzlich erniedrigt, indem er sich von dessen halb entblößter Ehefrau Zelida bedienen lässt.[3] Hinter Zelida ist mit Turban und einem spitzen Aufsatz wohl Emireno, Tamerlans Sohn, dargestellt. Emireno greift nach

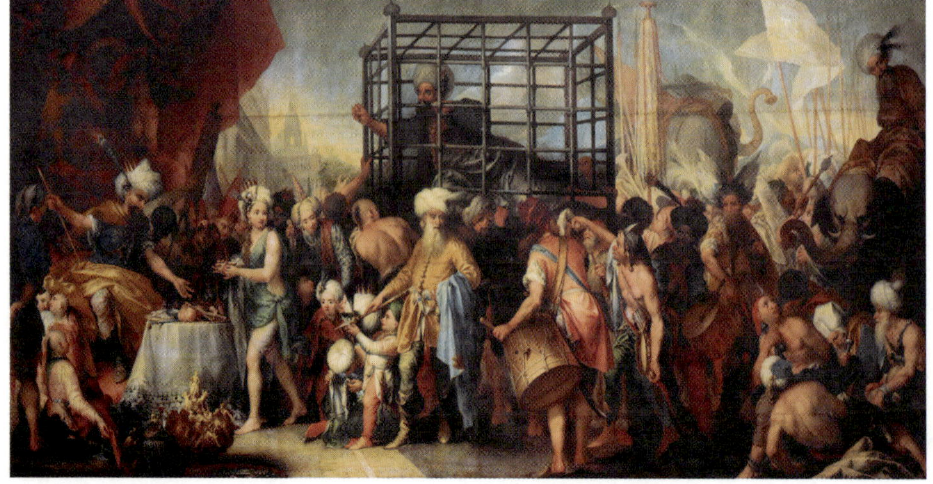

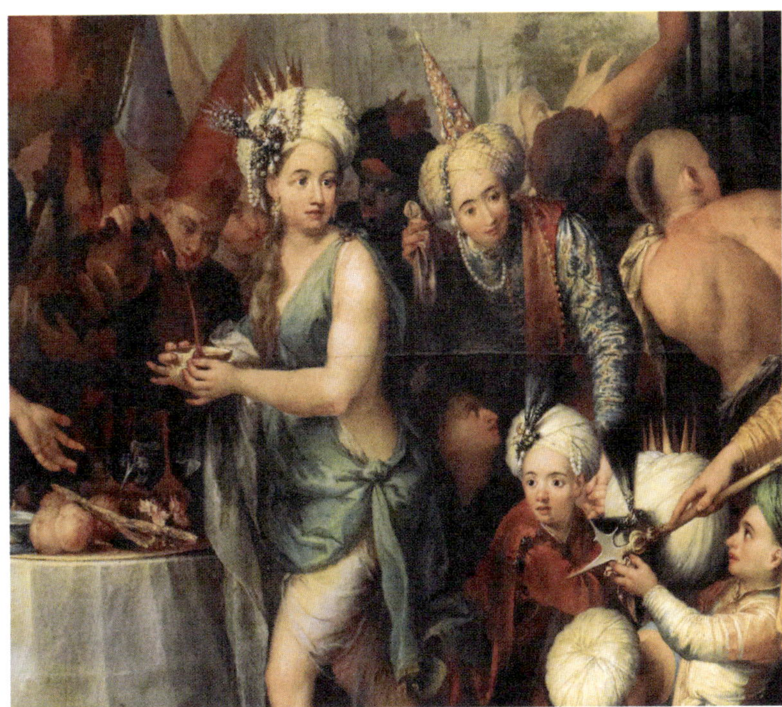

Detail aus Abb. 1

seinem Umhang, um die von ihm geliebte Zelida vor fremden Blicken zu schützen. Celesti versuchte, ein möglichst vielfältiges Bild der verschiedenen an Kriegen mit dem Osmanischen Reich beteiligten Menschen zu geben. Dazu gehören Mongolen, Perser, Polen und Afrikaner.

Neben dem ästhetischen Reiz, den die so aufbereitete Geschichte bot, war der dahinterstehende Konflikt für die Republik Venedig von großem Interesse, da sie ebenfalls ein Gegner des Osmanischen Reiches war. In der Entstehungszeit des Gemäldes ging es um die Vorherrschaft unter anderem auf der Peloponnes und auf Kreta. Vermutlich hatte die Familie Dondi dell'Orologio das Gemälde beauftragt.[4] Sie unterstützte die Republik Venedig in diesem Kampf wesentlich.

Friedrich II. erwarb das Werk über Bonomo Algarotti für die Ausstattung eines Gästeappartements des Neuen Palais.[5] Es galt nicht nur als eines der Meisterwerke Celestis, dessen Farbigkeit gelobt wurde, sondern interessierte auch durch die Darstellung von Herrscherverhalten. Nach dem Urteil der Zeit verstoßen beide Feldherren gegen den für Fürsten als verbindlich angesehenen Ehrenkodex, demzufolge auch besiegten Gegnern ihre Würde gelassen werden sollte.

| FRANZISKA WINDT

Negative Herrscherbilder des »Orients«

In seinem Gemälde, das in einer Zeit entstand, in der das Osmanische Reich als Bedrohung galt, brachte Andrea Celesti orientalisierende Vorstellungen von historischen Figuren und ihrer Bekleidung zum Ausdruck: Im Triumphzug des siegreichen turko-mongolischen Heerführers Tamerlan laufen Krieger, Janitschare mit *Keçe* auf ihren Köpfen, Krieger in Ausbildung (*Acemi Oğlan*) mit spitzen Hüten, Schwarze Musiker sowie versklavte und gefangene Krieger des besiegten osmanischen Sultans Bayazet mit Turbanen als Kopfbedeckung.[6] Hervorgehoben werden im Gemälde die halbnackte weibliche Figur, die Ehefrau des Gefangenen, sowie die unwürdige und degradierende Darstellung Bayazets im Käfig.[7]

Das Herrscherbild, das von Tamerlan und Bayazet gezeichnet wurde, sollte für das europäische Publikum als Negativbild eines »orientalischen« Herrschers fungieren.[8] So verstand es auch Friedrich II., der Tamerlan »als passionsgetriebenen Herrscher eines barbarischen und gewalttätigen Volkes« und Bayazet als »einen unbeherrschten Gefangenen« beschrieb.[9] Der Brutalität des »orientalischen« Herrschers stand die vermeintliche Neutralität und Ausgewogenheit der antiken und – in dessen Nachfolge – der europäischen Rechtsordnung gegenüber.

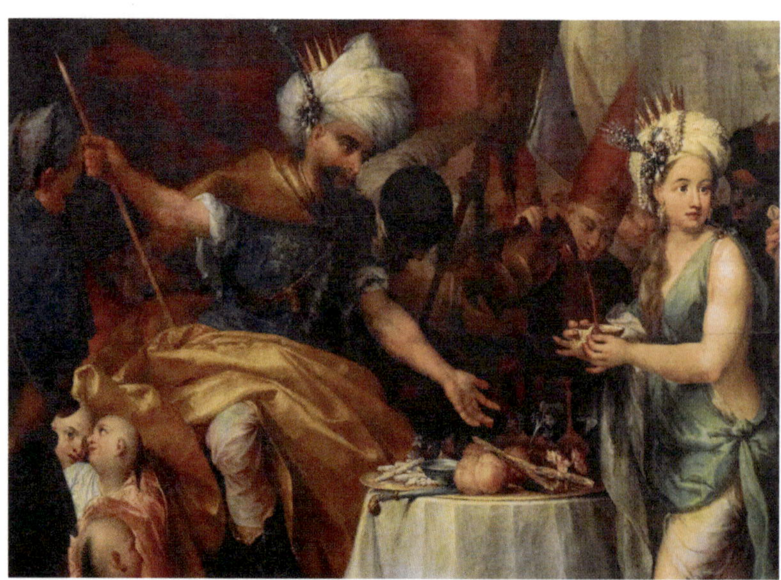
Detail aus Abb. 1 Tamerlan und Zelida

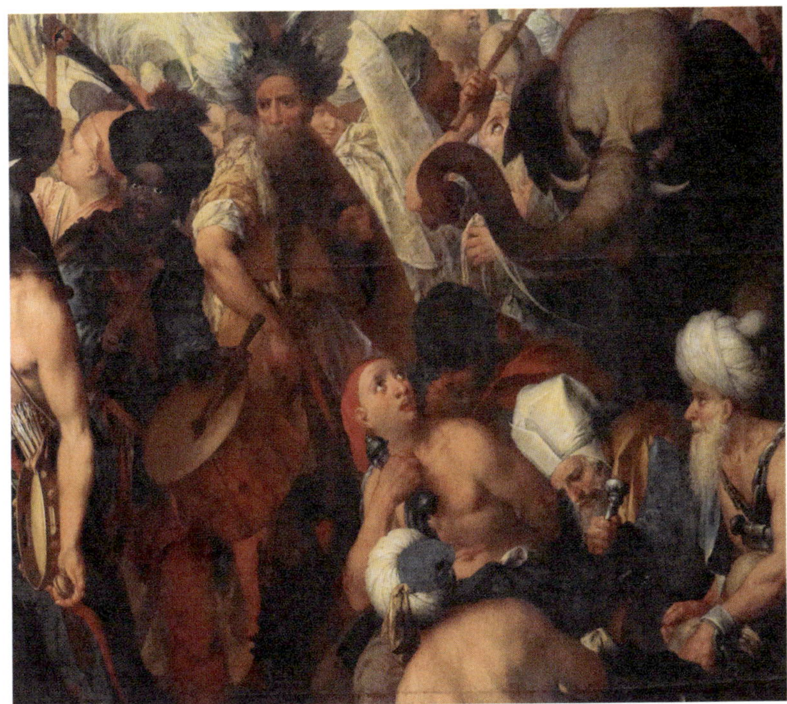

Detail aus Abb. 1

Die negative Einschätzung des turko-mongolischen Herrschers Tamerlan wurde im 18. Jahrhundert von einzelnen Autoren teilweise revidiert. Voltaire setzte sich beispielsweise kritisch mit verschiedenen europäischen Quellen zu den historischen Begebenheiten der Gefangennahme Bayazets auseinander. Allerdings hielt auch er die Lobeshymnen auf Tamerlan in den »orientalischen« Quellen für überhöht.[10]

Es gibt zahlreiche Primärquellen und Wiedererzählungen der Gefangennahme von Bayazet durch Tamerlan in verschiedenen Sprachen: Persisch, Arabisch, Türkisch sowie in mehreren europäischen Sprachen.[11] Um dem wahren Kern der Geschichte näher zu kommen, müssten alle Quellen betrachtet werden. Im Fokus von Celestis Historiengemälde standen jedoch Facetten der Geschichte, die ihren Ursprung einseitig in europäischen Quellen hatten und keine Kenntnis der türkischen oder persischen Schriften aufwiesen. Die vorurteilsbehafteten Herrscherbilder dieser Geschichte, die Brutalität, Sexualität und Unbeherrschtheit hervorheben, wurden später politisch zur Legitimierung der Kolonialisierung des »Orients« instrumentalisiert und schaffen noch heute Vorbilder für Rassismus gegen Muslime.

| CAROLIN ALFF

| 1 Corradi 1689. | 2 Corradi 1689, S. 49. | 3 Corradi 1689, S. 51. | 4 Mucchi/Croce/Morassi 1954, S. 131. | 5 Vgl. Krellig 2010, S. 20. | 6 Vgl. Stichel 1990/91. | 7 Vgl. Milwright/Baboula 2011, S. 242. | 8 Vgl. Windt 2009. | 9 Windt 2009, zitiert nach Friedrich der Große 1913, S. 194 f. | 10 Vgl. Milwright/Baboula 2011, S. 250 f. | 11 Vgl. Milwright/Baboula 2011.

22

GROSSFÜRSTIN ALEXANDRA FEODOROWNA ALS »LALLA RÛKH« UND PRINZ WILHEM ALS »AURENGZEB«

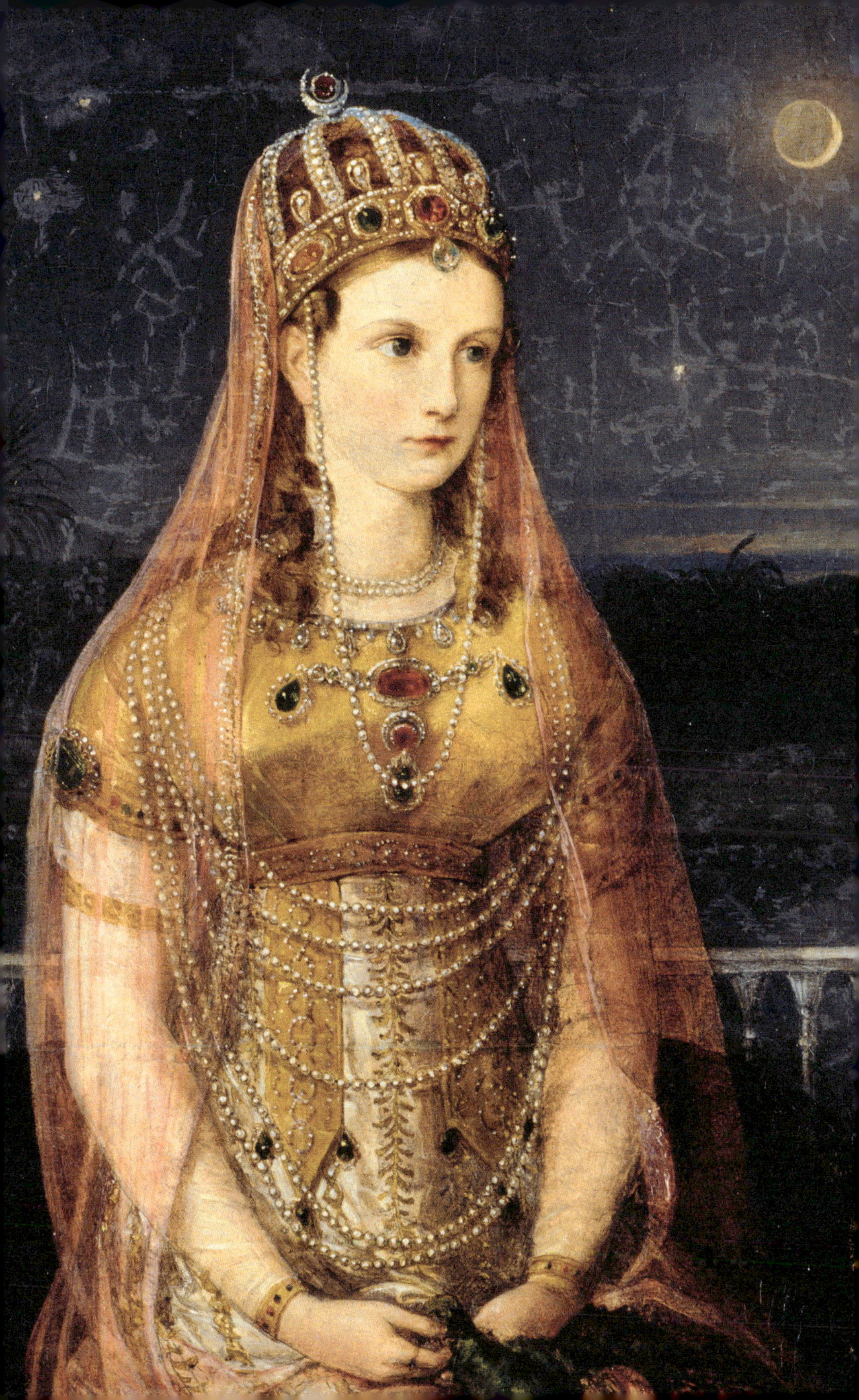

Ein indischer Kostümball

Die beiden Porträts zeigen Alexandra Feodorowna, Tochter Friedrich Wilhelms III., sowie Prinz Wilhelm, Bruder des Königs. Sie sind in der Rolle des Großmoguls von Indien, Aurengzeb, und seiner (fiktiven) Tochter Lalla Rûkh dargestellt – beides zentrale Figuren im gleichnamigen Epos des irischen Schriftstellers Thomas Moore von 1817.[1] Dieses besteht aus vier eigenständigen Geschichten und einer Rahmenhandlung, in der sich Prinzessin Lalla Rûkh auf dem Weg zu dem ihr unbekannten Verlobten, dem Sohn des Königs der Bucharei, in einen Dichter aus ihrem Gefolge verliebt, der sich schließlich als ihr verkleideter Bräutigam zu erkennen gibt.

Als 1821 der erste Besuch der vier Jahre zuvor nach St. Petersburg verheirateten Alexandra Feodorowna in Berlin bevorstand, wurde der große Hofball diesem gefeierten Werk gewidmet.[2] Einerseits bot

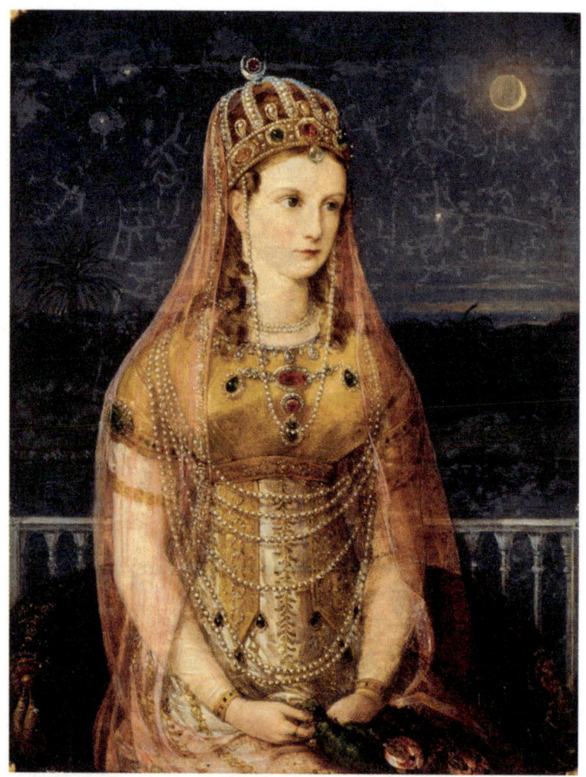

Abb. 1   Wilhelm Hensel
Großfürstin Alexandra Feodorowna als »Lalla Rûkh«, 1821
Öl auf Holz, 23 × 18 cm
SPSG, GK I 5890, Schloss Charlottenhof

die Geschichte die Möglichkeit zu »orientalischer« Pracht, andererseits spielte sie charmant auf die glückliche Ehe der Prinzessin in weiter Ferne an. 186 Mitglieder der Königsfamilie, des Hofes und des Adels zogen am 27. Januar prachtvoll kostümiert vor 3 000 Gästen durch das Berliner Schloss, um sich dann im Weißen Saal Szenen aus der Erzählung anzusehen, bevor das Fest mit Souper und Ball endete. Für die Authentizität von Inszenierung und Dekoration bürgten die besten künstlerischen Kräfte Berlins, wie etwa Karl Friedrich Schinkel, Gaspare Spontini und Carl von Brühl.

Das theatralische Großereignis ist unter anderem durch Festberichte und die beiden Bildnisse überliefert.[3] Deren Maler, Wilhelm Hensel, schuf von mehreren prominenten Teilnehmer:innen Porträtskizzen im Kostüm, aber lediglich diese beiden setzte er in Gemälde um. Er legte nicht nur großen Wert auf eine möglichst »authentische« Wiedergabe der Dargestellten, sondern auch auf die der Hintergründe: Spiegeln die Gestirne bei Lalla Rûkh eine tatsächliche astronomische Situation,[4] so stützt sich die Landschaft bei Aurengzeb auf Abbildungen indischer Monumente und verarbeitet unter anderem vereinfachte Ansichten des Qutb Minar bei Delhi und der Kuppelreihe der Bara Imambara in Lucknow.[5]

| SAMUEL WITTWER

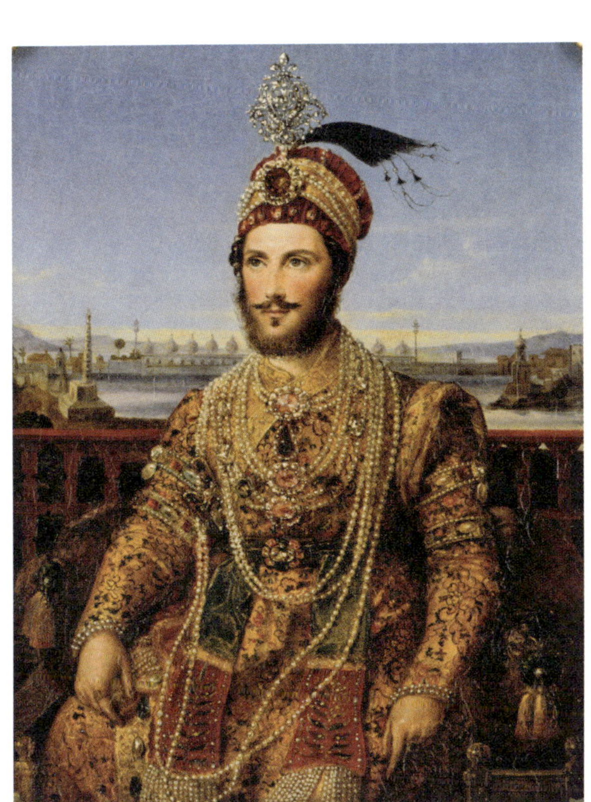

GROSSFÜRSTIN ALEXANDRA FEODOROWNA ALS »LALLA RÛKH« UND PRINZ WILHEM ALS »AURENGZEB«

Abb. 2 Wilhelm Hensel
Prinz Wilhem als »Aurengzeb«, 1821
Öl auf Holz, 23 × 18 cm
SPSG, GK I 5891, Schloss Charlottenhof

Orientalismus am preußischen Hof

Die Inszenierung des »Fremden« und »Exotischen« gehörte auch in den Residenzen der Hohenzollern schon lange zur Hofkultur. Im 18. Jahrhundert förderte die Aufführung sogenannter »Türkenopern« (wie Mozarts *Entführung aus dem Serail*) die »Türkenmode« in der Raum- und Gartenkunst. Im Potsdamer Marmorpalais erinnert das *Orientalische Kabinett* an diese Zeit. Mit der höfischen Aufführung von *Lalla Rûkh* im Berliner Schloss erhielt der Orientalismus der Berliner Musik- und Ballettbühnen im 19. Jahrhundert neue Impulse.[6]

Seit Edward Saids Studie zum Orientalismus von 1978 wird das Orientbild des 19. Jahrhunderts vielfach als europäische Konstruktion des Anderen und Fremden betrachtet, mit der die eigene Überlegenheit herausgestellt werden sollte.[7] Tatsächlich war man auch bei der Aufführung von *Lalla Rûkh* um die Konstruktion von Fremd- und Andersartigkeit bemüht. Um die Handlung in eine »fremdartige Welt« zu entrücken, sollten sich auf der Bühne die »Eigentümlichkeiten des Orients« und »der ganze Reichtum und die Pracht Indiens« entfalten.[8] Dabei war dem zeitgenössischen Publikum keineswegs verborgen geblieben, dass der irische Autor Thomas Moore seine (europäische) Romanze lediglich in eine der »schönsten und reichbegabtesten« Gegenden des Erdkreises verlegt und mit historischen Gegebenheiten verwoben hatte, um »dem Ganzen den täuschenden Anstrich eines wahrhaft morgenländischen Gebildes zu geben.«[9]

In den indisch-persisch anmutenden Geschichten ging es Moore in Wahrheit nicht um die Eroberung Indiens im Mittelalter, sondern um die Kolonialisierung Irlands durch die Engländer: »I thought the parallel with Ireland would enable me to infuse some vigour into my hero's character.«[10] Diese Parallele drängte sich damals zwar durch die britische Kolonialherrschaft in Indien auf, aber die poetische Verkleidung, die Moore vor Verfolgung schützen sollte, wirkte so stark, dass auch der Berliner Hof den kolonialkritischen Subtext der Romanze nicht bemerkte. Stattdessen nahm er sie zum Anlass, selbst in den Kostümen »östlicher Potentaten« aufzutreten.[11]

| STEFAN GEHLEN

Detail aus Abb. 2

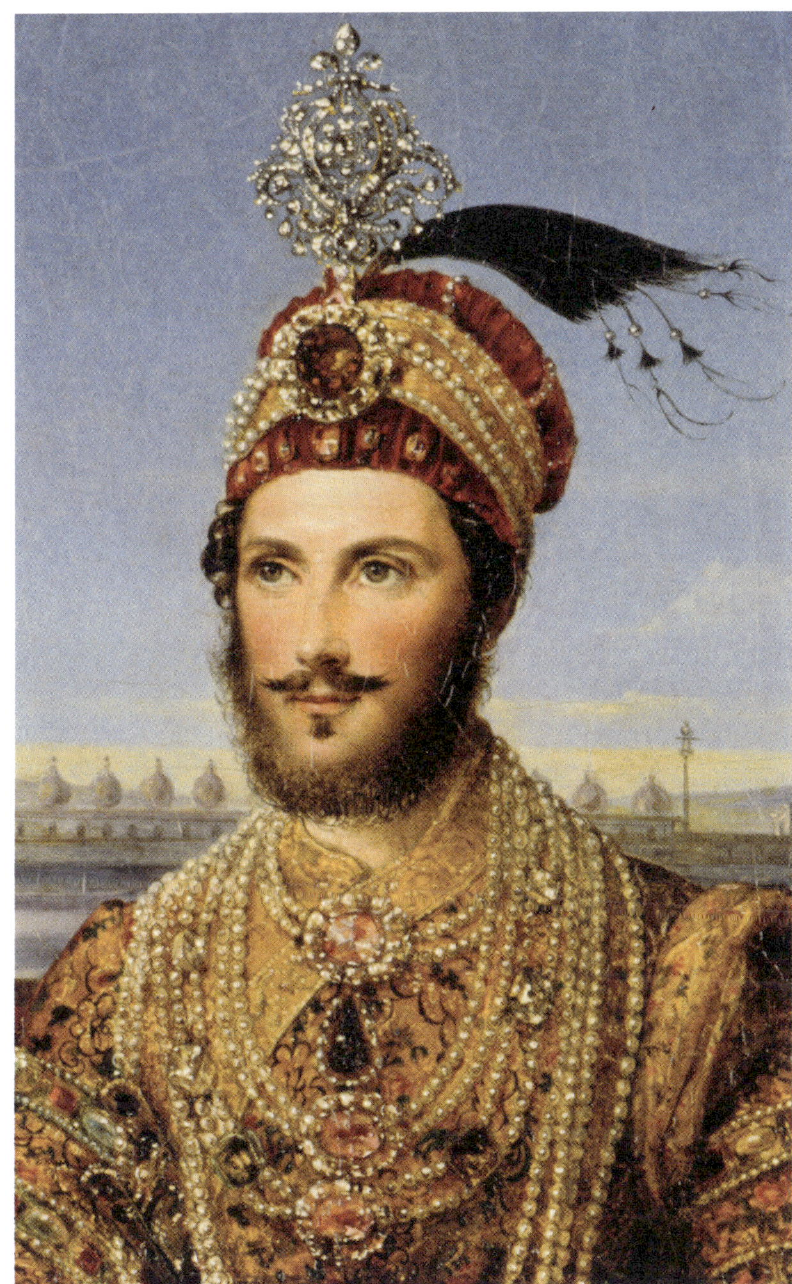

| 1 Moore 1817. | 2 Johannsen/Polaschegg 2008. | 3 Brüh/Spiker 1822. – Hensel 1823. – Mecklenburg 1830, S. 150 – 172. | 4 Die des 12. Mai 1820, vgl. Zenkert 2011, S. 54. | 5 Freundlicher Hinweis von Dr. Esther Schmidt, Jindal Global University, Sonipat, Indien. | 6 Vgl. Polaschegg 2007, S. 73 f. – Polaschegg 2005, S. 519 – 530. | 7 Said 1995. | 8 Brühl/Spiker 1822, S. 2. | 9 Brühl/Spiker 1822, S. 1. | 10 Zitiert nach Vail 2001, S. 108. | 11 Bourke 2000, S. 98.

23

DAS INNERE DES PALMENHAUSES

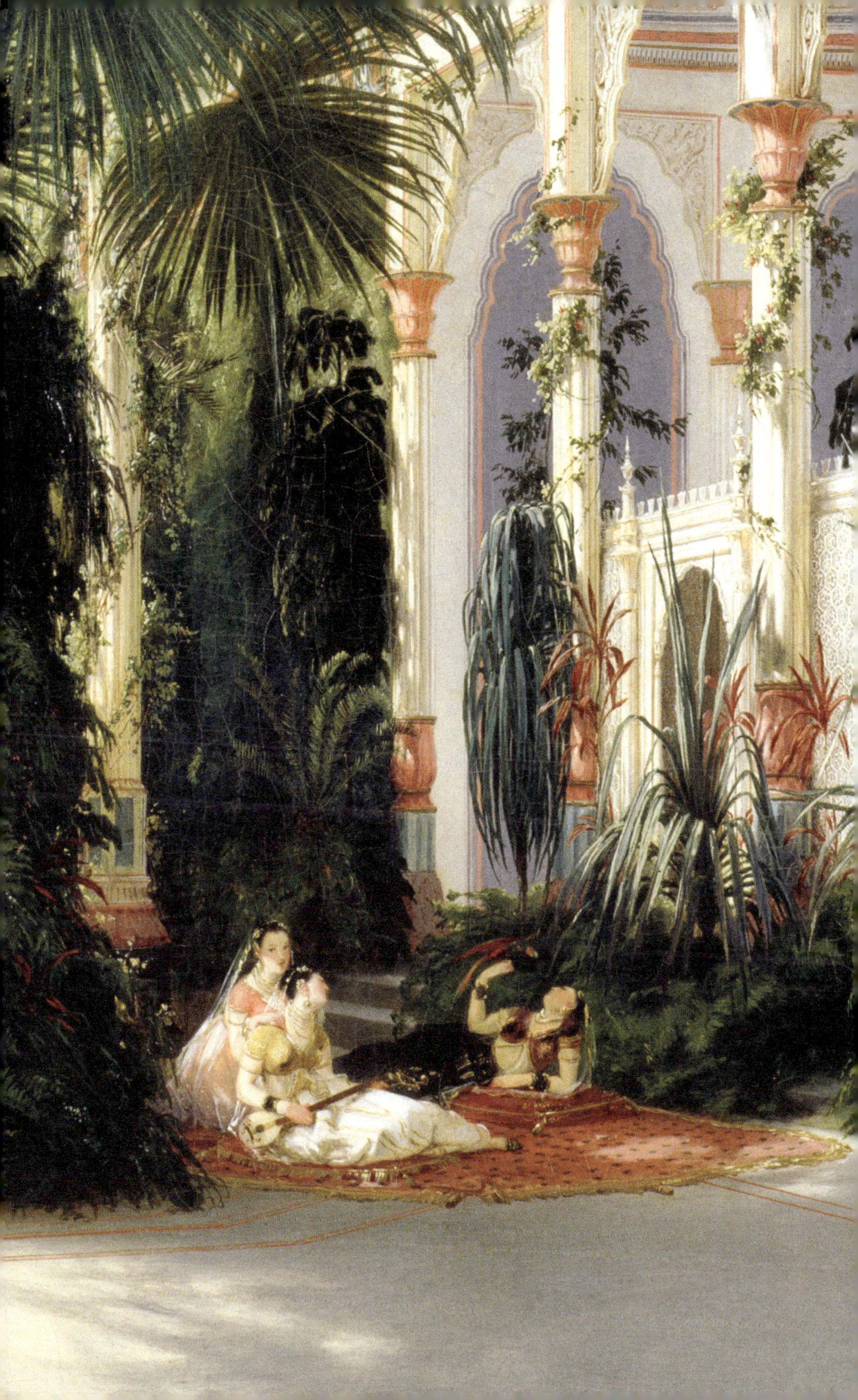

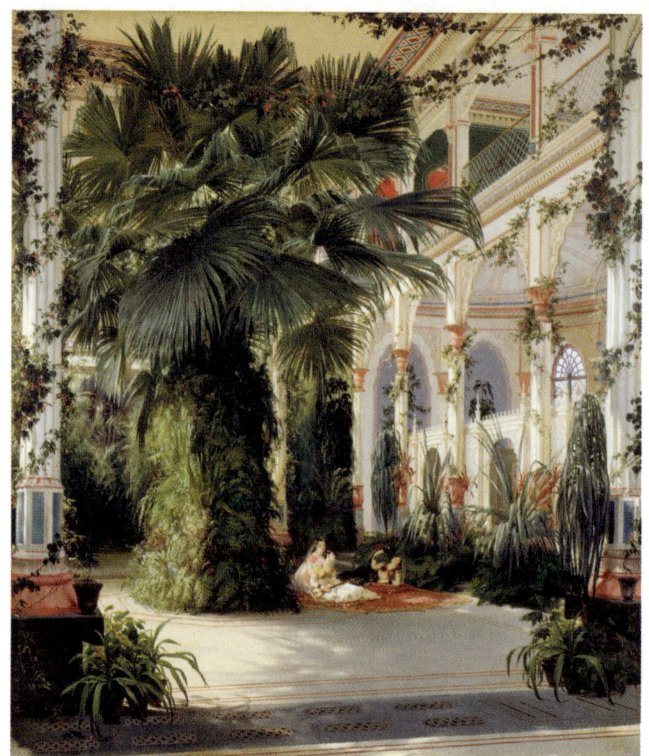

»Zwiespältige Realität«

Die zwei Leinwände des Malers Carl Blechen hingen 1834 erstmalig in der Berliner Akademieausstellung. Sie waren von König Friedrich Wilhelm III. beim Künstler in Auftrag gegeben worden und wurden vom König nach der Ausstellung angekauft. Blechen sollte die 1830 erworbene Palmensammlung, die sich in der dafür umgebauten indischen Pagode auf der Pfaueninsel befand, malen.

Den Gemälden gingen mehrere Vorstudien der Frauen voraus, die Blechen als Staffagefiguren in das Bild integrierte.[1] Außerdem schuf er Ölstudien zu den Kompositionen, die sich von den ausgestellten Werken in ihrer Tiefenwirkung, Atmosphäre und Bekleidung der Figuren unterscheiden.[2] Die »zwiespältige Realität« der finalen Werke ist durch Blechens Bemühungen geprägt, die Menschen, die Architektur und die Pflanzensammlung naturgetreu wiederzugeben, während er sie gleichzeitig – ähnlich einem Bühnenbild – in Szene setzte.[3]

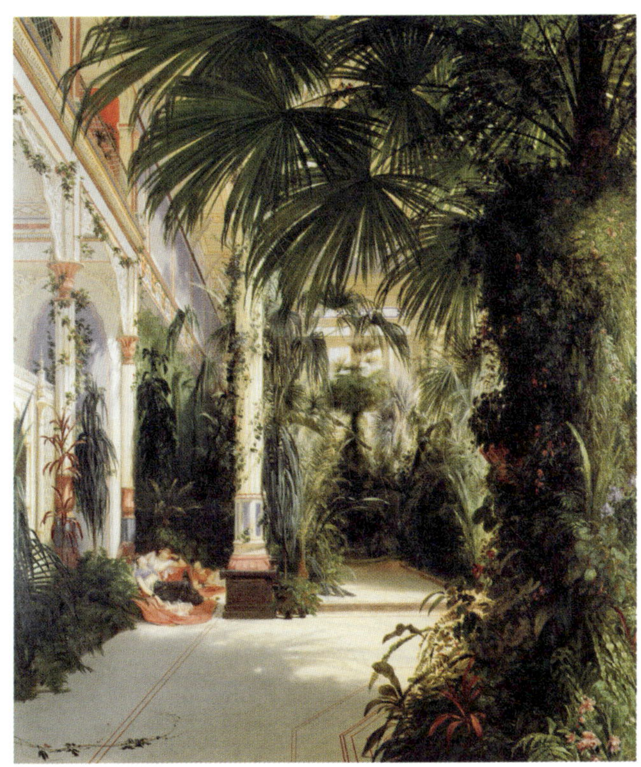

Zeitgenossen beschrieben schon die Spannung zwischen Realität und Fantasie.[4] Ein Betrachter vermeinte, »die harmonisch warme Feuchtigkeit [...], den leisen würzigen Dunst, den lauen Duft des Gewächshauses« beim Anblick der Gemälde wahrzunehmen.[5] Bewusst oder unbewusst hatte der König mit der Beauftragung Blechens den Zeitgeist getroffen. Eine Rezension hielt fest: »[E]s ist der Zauber einer üppigen fremdartigen Vegetation, eines seltsam phantastischen Lebens, der aus den Bildern auf uns zutritt und durch die Staffage reizender indischer Weiber [...] noch erhöht wird.«[6] Zur Begehrlichkeit des Palmenhauses gehörten für Zeitgenoss:innen nicht nur die üppige Pflanzensammlung, sondern auch die hinzugefügten exotisierenden Eigenschaften: die ins Bild gebannte erotische und fantastische Atmosphäre, die durch das reiche, dschungelartige Grün und die »indischen« Figuren betont wurde.

Der Ruf der Pfaueninsel wurde nicht nur durch ihre Architektur, Botanik, Ausstattung und Tiere bestimmt, sondern ebenso durch ihre Bewohner:innen, wie den aus dem Südpazifik stammenden Harry Maitey oder den zu dieser Zeit dort lebenden Afrikaner Karl Ferdinand Theobald Itissa.[7] Obwohl Blechen die Frauen im Bild detailliert skizzierte, wissen wir bislang nichts über deren Herkunft und Identität.

| CAROLIN ALFF

Pflanzen sammeln

Die Präsentation seltener und außergewöhnlicher Pflanzen brachte in fürstlichen Gärten die Exklusivität und Macht des Eigentümers oder der Eigentümerin zum Ausdruck. Die Gewächse, oft von Pflanzenjägern in allen Erdteilen gesammelt, waren Teil einer weltweiten Pflanzenmigration, mit der zahllose Zier- und Nutzpflanzen nach Europa kamen. Nicht winterharte Arten, die in Mitteleuropa nur in beheizbaren Einhausungen überleben, genossen einen besonderen Status. Für sie wurden Orangerien und im 19. Jahrhundert Palmenhäuser errichtet. Die Palme galt als die höchste und edelste Pflanzengestalt des Erdballs und wurde in den Glaspalästen der europäischen Metropolen wie eine Trophäe präsentiert.[8]

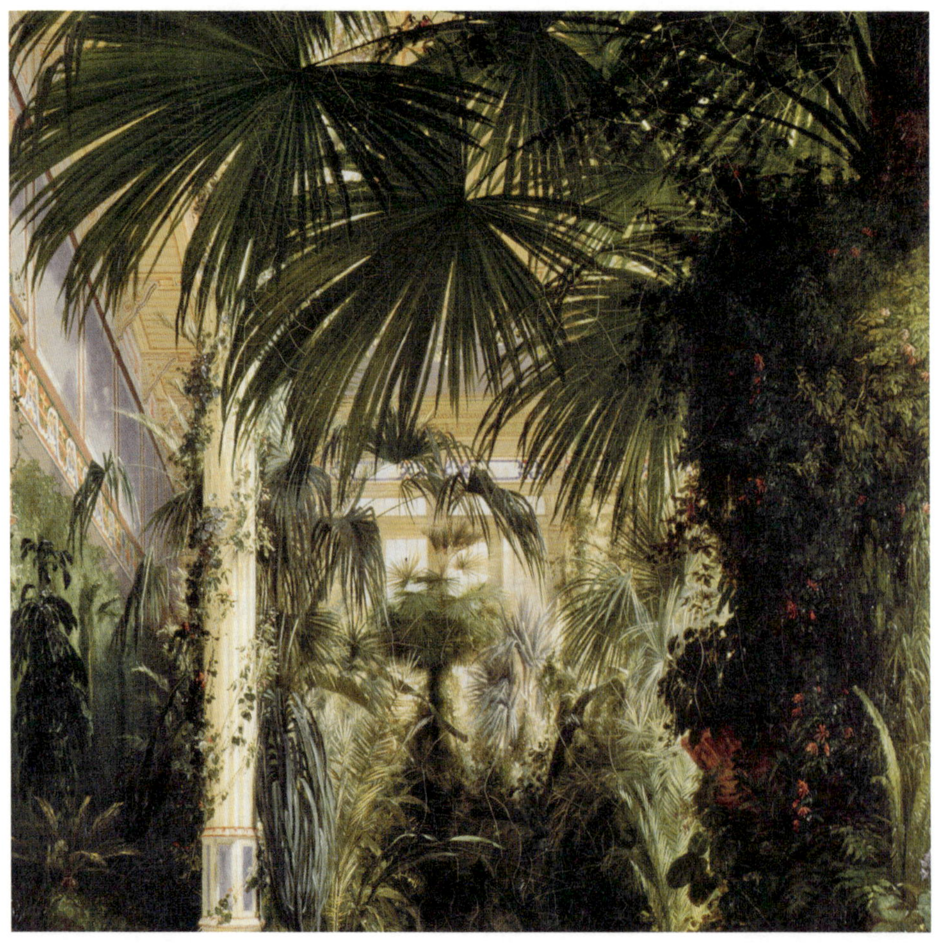

In Berlin war der Palmenbestand des königlichen botanischen Gartens um 1830 bereits auf etwa 60 Palmenarten (1810 gab es dort erst vier Arten) angewachsen.[9] Der Ankauf der Palmensammlung Fulchiron für die Pfaueninsel 1830 konnte den Berliner Gesamtbestand um 16 neue Palmenarten erweitern.[10] Der Bankier und Palmenzüchter Fulchiron hatte seine Pflanzen in Passy bei Paris wohl größtenteils aus Samen gezogen.[11] Er verkaufte sie, als sie nicht mehr in sein Gewächshaus passten. Im Palmenhaus auf der Pfaueninsel kamen weitere tropische Pflanzen hinzu, um den Berliner:innen ein Erlebnis zu bieten, das selbst Alexander von Humboldt beeindrucken konnte: »Wenn man in dem Palmenhaus [...] von dem hohen Altane bei heller Mittagssonne auf die Fülle schilf- und baumartiger Palmen herabblickt, so ist man auf Augenblicke über die Örtlichkeit, in der man sich befindet, vollkommen getäuscht. Man glaubt unter dem Tropenklima selbst, von dem Gipfel eines Hügels herab, ein kleines Palmengebüsch zu sehen.«[12]

Fulchiron hatte nicht nur den ästhetischen Wert der Palmen im Blick. Eine zeitgenössische Beschreibung seiner Sammlung erwähnt auch ihre wirtschaftlichen Potenziale. In Polynesien seien die Milch und die Fasern, in Arabien die Datteln, in Afrika der Palmwein, in der Karibik der Palmkohl und in Asien Sago traditionelle Produkte, die auch von Europäer:innen geschätzt würden.[13] Unter den 41 Palmenarten, die von Fulchiron auf die Pfaueninsel gelangten, befand sich auch die wirtschaftlich interessante Ölpalme (*Elaeis guineensis*).[14] Die Art, ursprünglich in Westafrika beheimatet, war mit dem Versklavungshandel nach Südamerika verschleppt worden. Über die botanischen Gärten Europas gelangte sie später nach Asien. Ihr weltweiter Anbau in kolonialen Großplantagen zur Produktion von Palmöl führte, und führt noch heute, zur Vertreibung indigener Völker und zur Vernichtung des Regenwalds.

| STEFAN GEHLEN

| 1 Rave 1940 b, S. 442, Nr. 1745, 1745a, 1746, 1747, 1748, 1750, 1751, 1752. | 2 Berlin, SMB PK, Inv.-Nr. NG 752. – Chicago, The Art Institute of Chicago, Inv.-Nr. 1996.388. – Hamburg, Hamburger Kunsthalle, Inv.-Nr. 1324. | 3 Börsch-Supan 1990, S. 124. | 4 Vgl. Rave 1940 b, S. 32 37. | 5 Bericht über die Berliner Kunstausstellung 1834, S. 323. – Vgl. Hinterkeuser 2023, S. 282. | 6 Nachrichten 1834. | 7 Vgl. Stoffregen-Büller 2019. – Siehe Kapitel 16 in diesem Buch, S. 103. | 8 Vgl. Büdenbender 2022, S. 69. | 9 Vgl. Otto 1831, S. 216. | 10 Vgl. Seiler 1989, S. 35 50. | 11 Otto 1830, S. 216. | 12 Zitiert nach Seiler 1989, S. 100. | 13 Mérat 1828, S. 1. | 14 Vgl. Seiler 1989, S. 80.

DIE *SPITZE DES KILIMANDSCHARO*

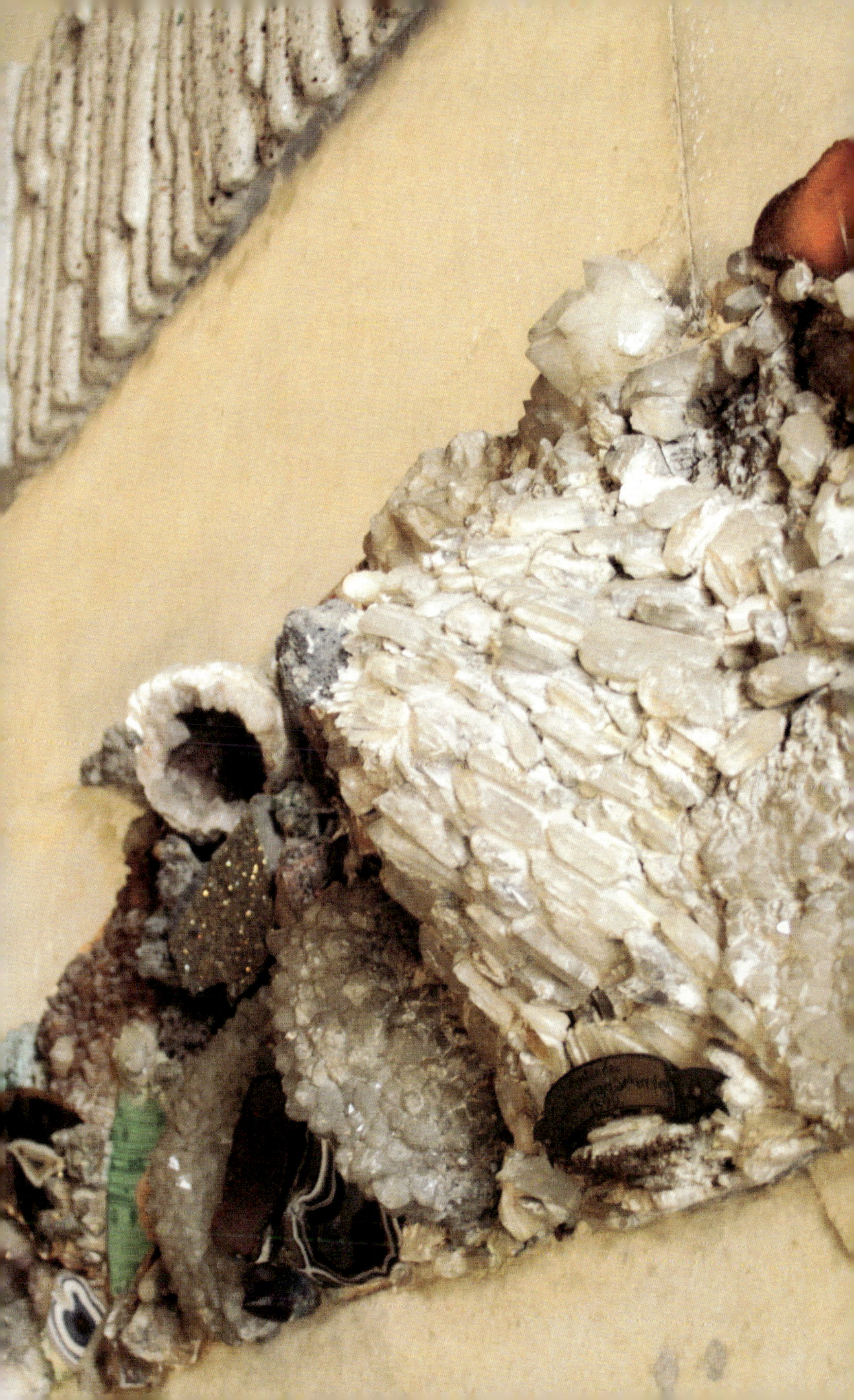

Ein Lehrstück des Eurozentrismus

In etwa zwei Metern Höhe im Feld N6m an der Nordwand des Grottensaals im Neuen Palais befindet sich ein kleiner Gesteinsbrocken, bei dem es sich laut der darunter angebrachten Messingtafel um die *Spitze des Kilimandscharo* von 1890 handelt.

Der europäische Erstbesteiger des Kilimandscharos, Hans Meyer, brachte eine Gesteinsprobe aus schwarzem Lava nach Deutschland. Dort überreichte er sie Wilhelm II. als Symbol für die Inbesitznahme des Kilimandscharos durch Deutschland.

Der unter Friedrich II. errichtete Grottensaal wurde, beginnend mit Friedrich Wilhelm III., bis 1897 durch Mineralien sowie Edel- und Schmucksteine ergänzt, darunter seltene Exemplare aus fast allen Kontinenten. Auch die *Spitze des Kilimandscharo* gehörte dazu. Denn Wilhelm II. ließ den Stein 1890 in den Grottensaal integrieren, nicht zuletzt als Demonstration für die führende Stellung Deutschlands in der Welt und als Ausdruck der kolonialen Bestrebungen des Kaisers.[1]

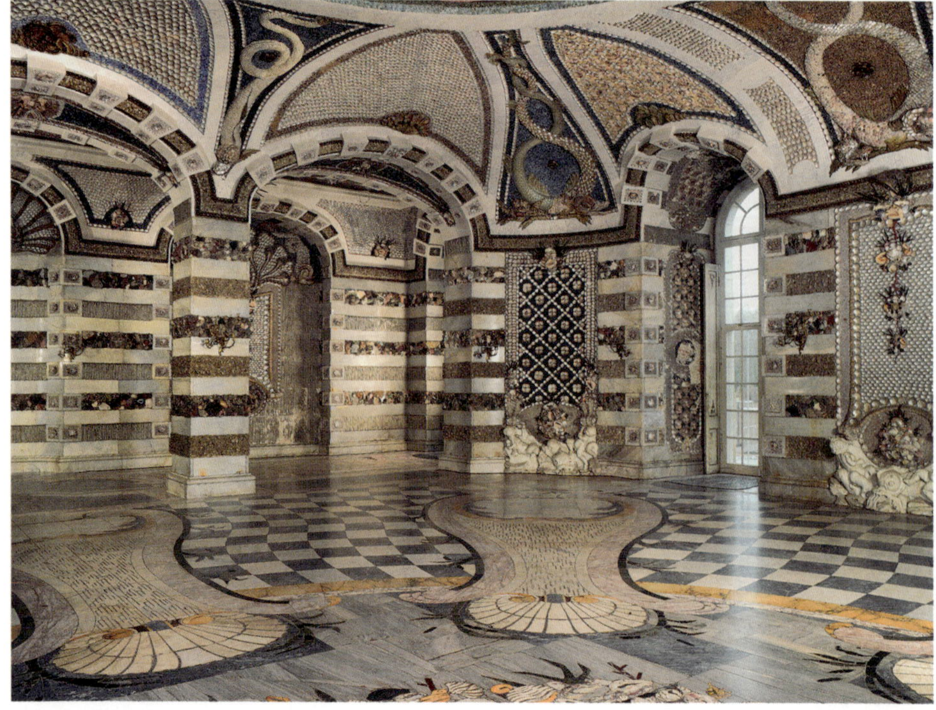

Abb. 2 Grottensaal im Neuen Palais

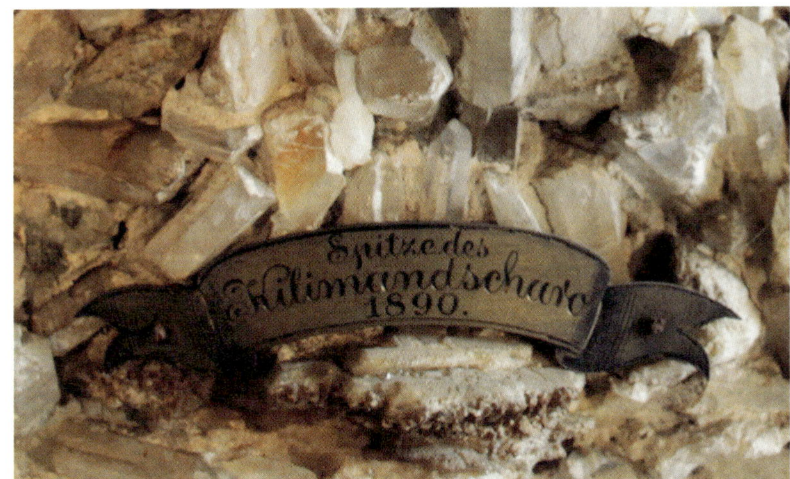

Abb. 3 Messingtafel unter der sogenannten *Spitze des Kilimandscharo*

Allerdings handelte es sich nicht um die wirkliche Spitze, sondern um ein Stück Lavagestein vom Kibo, dem höchsten Gipfel des Kilimandscharo-Massivs. Aber selbst dies war seit den 50er-Jahren des 20. Jahrhunderts nicht mehr der Fall. Überliefert ist, dass dieses Gestein nach dem Zweiten Weltkrieg verloren ging und durch ein Stück des Schotters vom Platz vor dem Schloss ersetzt wurde.[2] 1985 wurde es ausgetauscht gegen ein Basalt-Lava-Gestein, welches zwar ebenfalls vom Kilimandscharo-Massiv stammte, allerdings nicht aus der unmittelbaren Gipfelregion. Daher wurde auch dieses 1997 noch einmal durch einen Stein ausgewechselt, welcher tatsächlich vom Kibo stammte.[3]

Die *Spitze des Kilimandscharo* im Neuen Palais weist auf einen für die deutsche Geschichte wichtigen Zeitabschnitt hin: den europäischen Kolonialismus in Afrika. Die Geschichte hinter diesem vermeintlichen Gipfelstück beschreibt ebenfalls ein markantes Beispiel des Eurozentrismus. Denn indem Hans Meyer meinte, der Erstbesteiger des Kilimandscharos zu sein, bekräftigte er – wie später auch sämtliche Wiedergaben dieser Geschichte – eine eurozentrische Denkweise, die die Rolle der Einheimischen völlig ausblendete. »Denn woher konnte der Forschungsreisende die Gewissheit nehmen, tatsächlich der erste zu sein, als er über die Schneefelder an der Südostflanke zum Gipfel des Kilimandscharo aufzusteigen versuchte?«[4] Abgesehen davon hätte er ohne die Hilfe afrikanischer Führer und Träger wohl niemals den Gipfelsturm geschafft.

| JÜRGEN BECHER

| 1 Vgl. Sachse/Rohde 1984, S. 56. | 2 Vgl. Sachse/Rohde 2000, S. 66. | 3 Vgl. Van der Heyden/Becher 2022, S. 20. | 4 Honold 2014, S. 1.

Eine Antwort der echten Spitze des Kilimandscharos

Übersetzt von Valerie Asiimwe Amani[1]

Guten Tag,
ich spreche für das Kollektiv, das Sie als Kilimandscharo kennen.
Ich habe ein fernes Flüstern vernommen, dass ein Teil von mir an einer Wand befestigt wurde. Mir kam auch die merkwürdige und befremdliche Behauptung zu Ohren, dass ein Schild dieses Stück Stein als meine Spitze auszeichnet. *Inanichekesha*. Das Ego einiger Menschen kennt keine Grenzen. Deshalb schreibe ich Ihnen eine kurze Nachricht.

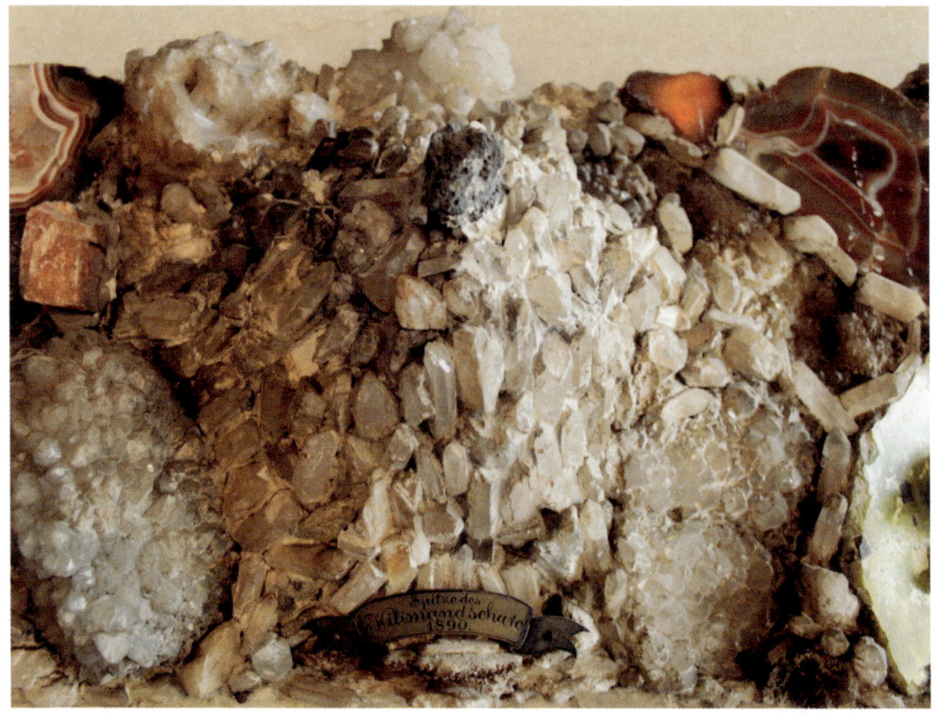

Abb. 4   Die *Spitze des Kilimandscharo* im Neuen Palais von Potsdam, Grottensaal, 1890

Als erstes möchte ich daran erinnern, dass sich etwas verändert, wenn einer lebendigen Sache ihre Seele genommen wird. Die Überreste, die jetzt an dieser Wand hängen, sind eine leere Hülle – ein Spiegelbild der Eitelkeit derer, die sich Entdecker und Herrscher nannten. Aber hier galten sie als machtgierige Diebe, die damit beschäftigt waren, »Hier ist ein Berggipfel!« zu rufen und den dadurch ausgelösten Adrenalinschub zu bewältigen. Ich muss gar nicht erst erwähnen, dass sich die »Spitze« eines Berges überhaupt nicht in einem Gebäude befinden kann – denn es ist offensichtlich ein Gebäude und kein Berg. Sie haben mir also meine Seele ausgetrieben und einen *kimba* aus mir gemacht – einen toten Körper, der sich nun in einem Gefängnis weit weg von zu Hause befindet. Vielleicht sollten Sie das auf das Schild schreiben.

Es überraschte mich nicht zu hören, dass es viele von diesen übermäßig geschmückten Friedhöfen in Europa gibt (ich glaube, sie heißen Schlösser oder Museen). Es scheint, als ob diese Tücken der »Moderne« – wie Sie sie nennen – dem gierigen Wunsch entspringen, Schönes zu erschaffen und von der Suche nach einer perfekten Ästhetik befeuert werden. Ich fordere nun, dass Sie mich außen vor lassen. Ich habe kein Interesse an Ihrer Welt – ich habe meine eigene.

Obwohl ich trauere (wie könnte es anders sein?), möchte ich hervorheben, dass ich Frieden finden kann: Im Gegensatz zu anderen Angehörigen der verlorenen Welt bin ich größtenteils immer noch dort, wo ich sein sollte. Mich konnten Sie nicht in eine Vitrine, einen Keller oder einen anderen hinterhältigen Ort stecken. Ich muss noch ein letztes Mal darauf hinweisen, dass ich mich an Zeiten erinnern kann, zu denen Sie noch nicht einmal von meiner Existenz wussten. Und ich werde noch lange hier sein, auch wenn Sie schon längst verschwunden sind. Als Ganzes sind wir noch hier: Kibo, Mawenzi und Shira ragen eindrucksvoll zwischen dem Nyanza-See und dem großen *Bahari* auf – Sie haben es nicht geschafft, uns alle abzutragen.

Mit freundlichen Grüßen
Kilimandscharo

Inanichekesha – das bringt mich zum Lachen
Kimba – Leiche
Bahari – Ozean

| 1 Aus dem Englischen ins Deutsche übersetzt von Anna von Rath.

Namensverzeichnis

Literatur

A

Allgemeiner Wohnungsanzeiger 1851
Allgemeiner Wohnungsanzeiger für Berlin, Charlottenburg und Umgebung auf das Jahr 1851, Berlin 1851.

Alpern 1995
Stanley B. Alpern: What Africans got for their slaves. A Master List of European Trade Goods, in: History in Africa. A Journal of method 22 (1995), S. 5 – 43.

Außerordentliche Beilage 1861
Außerordentliche Beilage zu Nr. 215 der Leipziger Zeitung, 10. 9. 1861.

Aukt.-Kat. Dorotheum Wien 2021
Ölgemälde und Aquarelle des 19. Jahrhunderts, Dorotheum, Auktion Ölgemälde und Aquarelle des 19. Jahrhunderts, 17. 12. 2021.

Ausst.-Kat. Amsterdam 2020
Black in Rembrandt's time, hrsg. v. Elmer Kolfin, Epco Runia, Ausstellung, Amsterdam, The Rembrandt House Museum, 2020, Zwolle 2020.

Ausst.-Kat. Amsterdam 2021
Slavery, hrsg. v. Eveline Sint Nicolaas, Valika Smeulders, Stephanie Archangel u. a., Ausstellung, Amsterdam, Rijksmuseum, 2021, Amsterdam 2021.

Ausst.-Kat. Berlin 1846
Verzeichnis der Werke lebender Künstler, welche in den Sälen des Akademie-Gebäudes (Unter den Linden Nr. 38) vom 1. September bis zum 1. November öffentlich ausgestellt sind. 1846. XXXV. Kunstausstellung der Königlichen Akademie der Künste, Berlin 1846.

Ausst.-Kat. Berlin 1987
Schloss Glienicke. Bewohner, Künstler, Parklandschaft, hrsg. v. der Verwaltung der Staatlichen Schlösser und Gärten Berlin, Ausstellung, Berlin (West), Verwaltung der Staatlichen Schlösser und Gärten, 1987, Berlin 1987.

Ausst.-Kat. Berlin 1995
Götter und Helden für Berlin. Gemälde und Zeichnungen von Augustin und Matthäus Terwesten (1649 – 1711) (1670 – 1757). Zwei niederländische Künstler am Hofe Friedrichs I. und Sophie Charlottes, bearb. v. Renate L. Colella, Ausstellung, Berlin, Stiftung Preußische Schlösser und Gärten, 1995, Berlin 1995.

Ausst.-Kat. Berlin 1999
Sophie Charlotte und ihr Schloß. Ein Musenhof des Barock in Brandenburg-Preußen, hrsg. v. der Generaldirektion der Stiftung Preußische Schlösser und Gärten Berlin-Brandenburg, Ausstellung, Berlin, Stiftung Preußische Schlösser und Gärten in Berlin-Brandenburg, 1999, München 1999.

Ausst.-Kat. Berlin 2001
Preußen 1701. Eine europäische Geschichte. Essays, Bd. II, hrsg. v. Franziska Windt, Ausstellung, Berlin, Deutsches Historisches Museum und Stiftung Preußische Schlösser und Gärten, 2001, Berlin 2001.

Ausst.-Kat. Berlin 2008
Macht und Freundschaft. Berlin – St. Petersburg 1800 – 1860, hrsg. v. der Generaldirektion der Stiftung Preußische Schlösser und Gärten Berlin-Brandenburg, Ausstellung, Berlin, Stiftung Preußische Schlösser und Gärten in Berlin-Brandenburg, 2008, Leipzig 2008.

Ausst.-Kat. Hamburg 2010
Täuschend Echt. Illusion und Wirklichkeit in der Kunst, hrsg. v. Bärbel Hedinger, Ausstellung, Hamburg, Bucerius Kunst Forum, 2010, München 2010.

B

Becker 2012
Andreas Becker: Preußens Schwarze Untertanen. Afrikanerinnen und Afrikaner zwischen Kleve und Königsberg vom 17. bis ins frühe 19. Jahrhundert, in: Forschungen zur Brandenburgischen und Preußischen Geschichte 22 (2012), S. 1 – 32.

Berckenhagen 1958
Ekhart Berckenhagen u. a.: Antoine Pesne, hrsg. v. der Verwaltung der ehemaligen Schlösser und Gärten Berlin, Deutscher Verein für Kunstwissenschaft, Berlin 1958.

Bericht über die Berliner Kunstausstellung 1834
Bericht über die Berliner Kunstausstellung, in: Museum. Blätter für bildende Kunst, Nr. 40, 6. Oktober 1834, S. 323 – 328.

Besser 2009
Johann von Besser (1654–1729),
Bd. 1, Schrifften in gebundener und
ungebundener Rede, hrsg. v. Knut
Kiesant, bearb. v. Andreas Keller,
Heidelberg 2009.

Beyme 2008
Klaus von Beyme: Die Faszination
des Exotischen. Exotismus, Rassismus und Sexismus in der Kunst,
München 2008.

Biermann/Schwarz 2007
Kurt R. Biermann, Ingo Schwarz:
Indianische Reisebegleiter Alexan-
der von Humboldts in Amerika, in:
HiN: Alexander von Humboldt im
Netz, hrsg. v. Ottmar Ette, Eberhard
Knobloch, VIII (2007) 14, S. 84–89,
URL: https://doi.org/10.18443/94
(3.1.2023).

Bindman 2013
David Bindman: Subjectivity and
slavery in portraiture. From courtly
to commercial societies, in: Slave
Portraiture in the Atlantic World,
hrsg. v. Agnes Lugo-Ortiz, Angela
Rosenthal, New York 2013, S. 71–88.

Börsch-Supan 1982
Helmut Börsch-Supan: Die
Gemälde Antoine Pesnes in den
Berliner Schlössern, Berlin 1982
(= Aus Berliner Schlössern, 7).

Börsch-Supan 1990
Helmut Börsch-Supan: Kat. 66, 67 –
Das Innere des Palmenhauses, in:
Carl Blechen. Zwischen Romantik
und Realismus, hrsg. v. Peter-Klaus
Schuster, Ausstellung, Berlin,
Nationalgalerie Berlin, 1990,
München 1990, S. 123–124.

Bourke 2000
Eoin Bourke: Vom Berliner Schloß
zu St. Kevins Höhle. Begegnungs-
stätten deutscher Dichter mit dem
Werk Thomas Moores, in: Beiträge
zur Rezeption der britischen und
irischen Literatur des 19. Jahrhunderts im deutschsprachigen Raum,
hrsg. v. Norbert Bachleitner, Amsterdam 2000, S. 93–106.

Bremer-David 1997
Charissa Bremer-David: French
Tapestries and Textiles in the J. Paul
Getty Museum, Los Angeles 1997.

Brühl/Spiker 1822
Lalla Rûkh. Ein Festspiel mit
Gesang und Tanz. Aufgeführt auf

dem Königl. Schlosse in Berlin am
27sten Januar 1821 in Anwesenheit
I.I.K.K.H.H. des Großfürsten Nico-
laus und der Großfürstin Alexandra
Feodorowna, hrsg. v. Carl von Brühl,
Samuel Heinrich Spiker, Berlin 1822.

Büdenbender 2022
Hanna Büdenbender: »Wow, that's
so postcard!« – De-/Konstruktionen
des Tropischen in der zeitgenössischen Fotografie, Bielefeld 2022.

C

Catterall 2020
Pippa Catterall: On statues and history. The dialogue between past
and present in public space, in:
British Politics and Policy, 2020,
URL: https://blogs.lse.ac.uk/poli-
ticsandpolicy/statues-past-and-
present/ (15.12.2022).

Corradi 1689
Giulio Cesare Corradi: Il gran
Tamerlano. Drama per musica da
rappresentarsi nel famosissimo
teatro Grimano di SS. Gio. E Paolo
l'anno 1689, Venedig 1689.

D

Dijk 2008
Will O. Dijk: An end to the history of
silence? The Dutch trade in Asian
slaves. Arakan and the Bay of Ben-
gal. 1621–1665, 2008, URL:
https://www.iias.asia/sites/iias/
files/nwl_article/2019-05/IIAS_
NL46_16.pdf (11.11.2022).

Droysen 1915
Hans Droysen: Vom Hofe König
Friedrichs I. aus den Jahren 1709–
1711, in: Hohenzollern-Jahrbuch 19
(1915), S. 52–80.

E

Ernst/Laur-Ernst 2009
Gernot Ernst, Ute Laur-Ernst: Die
Stadt Berlin in der Druckgrafik,
Bd. 1: 1570–1870, Berlin 2009.

F

Faak 2003
Alexander von Humboldt: Reise auf
dem Rio Magdalena, durch die
Anden und Mexiko, Teil I: Texte,
hrsg. v. Margot Faak, Berlin 2003
(= Beiträge zur Alexander-von-
Humboldt-Forschung, 8).

Feuilleton 1871
Feuilleton Nr. 71 zu den Augsburger
Neuesten Nachrichten 1871.

Förster 1834
Friedrich Christoph Förster: Friedrich
Wilhelm I., König von Preußen,
Bd. 1, Potsdam 1834.

Frank 2001
Christoph Frank: Zwischen Frankreich und Preußen. Das Denkmal
des Großen Kurfürsten von Andreas
Schlüter im Spiegel seiner öffentlichen Rezeption, in: Ausst.-Kat.
Berlin 2001, S. 341–352.

Fricke/Zahedi 2020
Felicia Fricke, Pardis Zahedi: The
blue beads of St. Eustatius. New
perspectives from archaeology and
oral history, in: Beads. Journal of
the Society of Bead Researchers 32
(2020), S. 41–56.

Friedrich der Große 1913
Friedrich der Große: Lob der Trägheit
(1768), in: Die Werke Friedrichs des
Großen in deutscher Übersetzung,
hrsg. v. Gustav Berthold Volz, Bd. 8
(Satiren), Berlin 1913, S. 192–198.

Friedrich/Neuhäuser 2018
Christian Friedrich, Simone Neu-
häuser: »[...] und wie interessant
ist es von daher zurückzukommen!«
Die Orientreise des Hermann von
Pückler-Muskau und seine Rückkehr
in Begleitung, in: Sehnsucht nach
Konstantinopel. Fürst Pückler und der
Orient, hrsg. v. der Stiftung Fürst-
Pückler-Museum Park und Schloss
Branitz, Berlin 2018, S. 11–32.

G

Gott 2014
Suzanne Gott: Ghana's Glass Bead-
making Arts in Transcultural Dialo-
gues, in: African Arts 47 (2014),
S. 10–29.

H

Hagemann 2007
Alfred P. Hagemann: Wilhelmine
von Lichtenau (1753–1820). Von
der Mätresse zur Mäzenin, Köln/
Weimar/Wien 2007.

Hall 2008
Anja Hall: Paradies auf Erden?
Mythenbildung als Form der Fremd-
wahrnehmung. Der Südseemythos
in Schlüsselphasen der deutschen
Literatur, Würzburg 2008.

Harksen 1993
Sibylle Harksen: Chinoiserie im
Park von Sanssouci, in: Das Chine-
sische Haus im Park von Sanssouci,
Berlin 1993, S. 50–54.

Havard 1894
Henry Havard: »Guéridon«, in:
Dictionnaire de l'ameublement
et de la décoration depuis le
XIIIe siècle jusqu'à nos jours,
Bd. 2, Paris 1894, S. 1225–1231.

Heidelberger Zeitung 1905
Heidelberger Zeitung, Nr. 95,
22.4.1905.

Hensel 1823
Wilhelm Hensel: Die lebenden Bil-
der und pantomimischen Darstel-
lungen bei dem Festspiel Lalla
Rukh. Aufgeführt auf dem Königl.
Schlosse in Berlin am 27sten
Januar 1821 in Anwesenheit
I.I.K.K.H.H. des Grossfürsten Nico-
laus und der Grossfürstin Alexan-
dra Feodorowna, Berlin 1823.

Hinterkeuser 2023
Guido Hinterkeuser: Das Berliner
Schloss. Die erhaltene Innenaus-
stattung und ihre Geschichte,
2. Aufl., Regensburg 2023.

Hogendorn/Johnson 1986
Jan Hogendorn, Marion Johnson:
The Shell Money of the Slave Trade,
Cambridge u. a. 1986.

Honold 2014
Alexander Honold: Kaiser-Wilhelm-
Spitze. Wie der Kilimandscharo
zum höchsten Berg Deutschlands
wurde, 2014, URL: https://www.
polylogzentrum.at/weltprojekt-der-
berge/dokumentation/anschauun-
gen-der-berge/kaiser-wilhelm-
spitze (20.12.2022).

Horvath 1802
Carl Christian Horvath: Der königli-
che neue Garten an der heiligen See,
und die Pfauen-Insel bey Potsdam,
Potsdam 1802 (Nachdruck 1991).

Humboldt 2006
Alexander von Humboldt: Über
einen Versuch, den Gipfel des
Chimborazo zu ersteigen. Mit dem
vollständigen Text des Tagebuches
»Reise zum Chimborazo«, hrsg. v.
Oliver Lubrich, Ottmar Ette, Frank-
furt 2006.

Hüneke 1993
Saskia Hüneke: Die Sklupturen von
Johann Peter Benckert und Johann
Gottlieb Heymüller, in: Das Chine-
sische Haus im Park von Sanssouci,
Berlin 1993, S. 55–61.

Hupfeld 2007
Tanja Hupfeld: Zur Wahrnehmung
und Darstellung des Fremden in
ausgewählten französischen Reise-
berichten, Göttingen 2007.

J

Jarry 1980
Madelaine Jarry: La vision de la
Chine dans les tapisseries de la
Manufacture royale de Beauvais,
in: Les Rapports entre la Chine et
l'Europe au temps des Lumières.
Actes du IIe colloque internationale
de sinologie 1977, Paris 1980,
S. 173–183.

Johannsen/Polaschegg 2008
Rolf Johannsen, Andrea Pola-
schegg: Indien preußischblau. Das
Hoffest Lalla Rookh im Schloss zu
Berlin, in: Ausst.-Kat. Berlin 2008,
S. 96–109.

Jones 1985
Adam Jones: Brandenburg Sources
for West African History 1680–
1700, Stuttgart 1985 (= Studien zur
Kulturkunde, 77).

K

Keller 1935
Matilde Gräfin von Keller: Vierzig
Jahre im Dienst der Kaiserin. Die
Erinnerungen der Hofstaatsdame
von Kaiserin Auguste Victoria,
Leipzig 1935.

Kiesant 2020
Silke Kiesant unter Mitarbeit von
Carolin Alff und Jörg Wacker: Das
Erste Rondell im Park Sanssouci
und sein Skulpturenschmuck,
2020, URL: https://www.spsg.de/
forschung-sammlungen/forschung/
koloniale-kontexte/erstes-rondell-
im-park-sanssouci/ (3.1.2023).

Kiesant 2022
Silke Kiesant: Verklärung und Poli-
tik. Walter Schotts Balustradenfigu-
ren am Neuen Palais im Park Sanssouci, in: Kolloquium Skulptur. Auf
dem Weg in die Gründerzeit, hrsg.
v. Yvette Deseyve, Birgit Kümmel,
Bernhard Maaz, Bad Arolsen 2022,
S. 85–94.

Kloosterhuis 2003
Jürgen Kloosterhuis: Legendäre
»lange Kerls«. Quellen zur Regi-
mentskultur der Königsgrenadiere
Friedrich Wilhelms I. (1713–1740),
Berlin 2003.

Komander 1993
Gerhild H. M. Komander: Die
Decken und Wandmalereien, in:
Das Chinesische Haus im Park von
Sanssouci, hrsg. v. der Stiftung
Schlösser und Gärten Potsdam-
Sanssouci, Berlin 1993, S. 62–79.

Krätz 1997
Otto Krätz: Alexander von Humboldt.
Wissenschaftler – Weltbürger –
Revolutionär, München 1997.

Krellig 2010
Heiner Krellig: Venezianische Male-
rei in Sammlungen des deutschsprachigen Raums. Vom Beginn
des 18. Jahrhunderts bis zu den
Museumsgründungen in Berlin und
München 1830 und 1836, in:
Jahrbuch der Berliner Museen 52
(2010), S. 19–43.

Krünitz 1788
Johann Georg Krünitz: »Koralle«, in:
Oekonomische Encyclopädie oder
allgemeines System der Staats-,
Stadt-, Haus- und Landwirthschaft
in alphabetischer Ordnung, 242
Bde., Berlin 1773–1858, Bd. 44,
Berlin 1788, S. 266–448.

Kunstausstellung in Berlin 1835
Kunstausstellung in Berlin 1834, in:
Morgenblatt für gebildete Stände,
Kunstblatt 16, Nr. 4, 13.1.1835,
S. 13–16.

L

Lacher 2003
Reimar F. Lacher: Friedrich Georg
Weitsch (Braunschweig 1758–1828
Berlin). Maler – Kenner – Akademi-
ker, Berlin 2003.

Ladendorf 1961
Heinz Ladendorf: Schlüter. Das
Denkmal des Großen Kurfürsten,
Stuttgart 1961.

LaRoche 1994
Cheryl J. LaRoche: Beads from the
African Burial Ground, New York
City. A Preliminary Assessment, in:
BEADS. Journal of the Society of
Bead Researchers 6 (1994),
S. 3–20.

Leschke 2019
Gabriele Leschke: Otto Friedrich von der Gröben und der koloniale Diskurs, Diss., Freie Universität Berlin 2019.

Lind 2001
Christoph Lind: Träumerei und Machtanspruch. Die Allegorie der Erdteile in Berlin um 1700, in: Ausst.-Kat. Berlin 2001, S. 325–334.

Little 1996
Stephen Little: Economic Change in Seventeenth-Century China and Innovations at the Jingdezhen Kilns, in: Ars Orientalis 26 (1996), S. 47–54.

M

M…r. 1798
M…r.: Rezension zu Joseph Friedrich Freiherr von Racknitz: Darstellung und Geschichte des Geschmacks der vorzüglichsten Völker, in Beziehung auf die innere Auszierung der Zimmer und auf die Baukunst, H. 1 und 2, Leipzig 1796–1797, in: Neue Allgemeine Bibliothek, Bd. 35, Intelligenzblatt 4 (1798), S. 207–219.

Mallinckrodt 2016
Rebekka von Mallinckrodt: »There are no slaves in Prussia?«, in: Slavery Hinterland. Transatlantic Slavery and Continental Europa. 1680–1850, hrsg. v. Felix Brahm, Eve Rosenhaft, Woodbridge 2016, S. 109–131.

Manger 1789
Heinrich Ludwig von Manger: Baugeschichte von Potsdam besonders unter der Regierung König Friedrichs des Zweiten, Bd. 1, Berlin/Stettin 1789.

Männl 2020
Ingrid Männl: »… durch die Bereisung der dargestellten Gegenden der Wissenschaft und ihrer Nation ein so schönes Denkmal gesetzt …«. Zu Friedrich Georg Weitschs Gemälde, das Alexander von Humboldt und Aimé Bonpland vor dem Chimborazo zeigt, in: HiN. Alexander von Humboldt im Netz, hrsg. v. Ottmar Ette, Eberhard Knobloch, XXI (2020) 40, Potsdam 2020, S. 45–58, URL: https://doi.org/10.25932/publishup-47351 (16.12.2022).

Martin 1993
Peter Martin: Schwarze Teufel, edle Mohren, Hamburg 1993.

Massing 2011
Jean Michel Massing: The European Scene, in: The Image of the Black in Western Art: Vol. III. Part 2: From the »Age of Discovery« to the Age of Abolition: Europe and the World beyond, hrsg. v. David Bindman, Henry Louis Gates, Jr., Cambridge 2011, S. 213–260.

Massing 2016
Jean Michel Massing: The Origin of the Iconography of Cannibalism in the Early Modern Period, in: Print Quarterly 33 (2016), S. 3–10.

McCabe 2008
Ina Baghdiantz McCabe: Orientalism in Early Modern France, Oxford 2008.

McGrath 2012
Elizabeth McGrath: Caryatids, Page Boys, and African Fetters. Themes of Slavery in European Art, in: The Slave in European Art. From Renaissance Trophy to Abolitionist Emblem, hrsg. v. Elizabeth McGrath, Jean Michel Massing, London 2012, S. 3–38.

Mecklenburg 1830
Carl zu Mecklenburg: Erinnerungen an Berlin: Festspiele, Berlin 1830.

Meißner 2006
Joachim Meißner: Mythos Südsee. Das Bild von der Südsee im Europa des 18. Jahrhunderts, Hildesheim 2006.

Mérat 1828
François-Victor Mérat: Notice sur la culture des palmiers, que fait à Passy M. Fulchiron, Membre de la Société d'Horticulture, lue à la Séance générale de la Société d'Horticulture, le vendredi 29 août 1828, Paris 1828.

Michael 2013
Theodor Michael: Deutsch sein und schwarz dazu. Erinnerungen eines Afro-Deutschen, München 2013.

Milwright/Baboula 2011
Marcus Milwright, Evanthia Baboula: Bayezid's Cage. A Re-examination of a Venerable Academic Controversy, in: Journal of the Royal Asiatic Society 21 (2011), S. 239–260.

Minutoli 1829
Wolfradine von Minutoli: Reise der Frau Generalin von Minutoli nach Egypten, hrsg. v. Wilhelmine von Gersdorff, Leipzig 1829.

Moore 1817
Thomas Moore: Lalla Rookh. An Oriental Romance, London 1817.

Mucchi/Croce/Morassi 1954
Antonio Maria Mucchi, C. Della Croce, Antonio Morassi: Il pittore Andrea Celesti, Mailand 1954.

N

Nachrichten 1834
Nachrichten, in: Museum. Blätter für bildende Kunst, 16.6.1834, S. 191.

Nehls 1991
Harry Nehls: Der Altertumsforscher Nicolaus Johann Heinrich Benjamin Freiherr Menu von Minutoli (1772–1846), in: Staatliche Museen zu Berlin, Forschungen und Berichte 31 (1991), S. 159–168.

Nicolai 1786
Friedrich Nicolai: Nachricht von den Baumeistern, Bildhauern, Kupferstechern, Malern, Stukkaturern, und andern Künstlern welche vom dreyzehnten Jahrhunderte bis jetzt in und um Berlin sich aufgehalten haben und deren Kunstwerke zum Theil daselbst noch vorhanden sind, Bd. 4, Berlin/Stettin 1786.

Niedermeier 2020
Michael Niedermeier: Paradiesvögel in Landschaftsgärten der Goethezeit, in: Weltensammeln. Johann Reinhold und Georg Forster, hrsg. v. Elisabeth Décultot, Jana Kittelmann, Andrea Thiele u. a., Göttingen 2020, S. 77–106.

Nürnberger Abendblatt 1844
Nürnberger Abendblatt, Nr. 201, 4.10.1844.

O

Oesterreich 1768
Matthias Oesterreich: Aller Seltenheiten der Kunst und übrigen Alterthümer. Besonders an Statüen in dem Königl. Lust-Schlosse Charlottenburg bey der Residenz-Stadt Berlin, Berlin 1768.

Otto 1831
Herr Otto referirt über die von Sr. Majestät angekaufte Fulchiron'sche Palmensammlung, so wie über andere Gegenstände, welche er auf seiner Reise beobachtete, in: Verhandlungen des Vereins zur Beförderung des Gartenbaues in den Königlich Preußischen Staaten, Bd. 7, Berlin 1831, S. 215–217.

Ovid 1998
Ovid: Metamorphosen, in dt. Prosa übertragen mit einem Nachwort, einer Zeittafel zu Ovid, Anmerkungen, einem Verzeichnis der Eigennamen und bibliographischen Hinweisen v. Michael von Albrecht, München 1998.

P

Panoff 1938
Peter Panoff: Militärmusik in Geschichte und Gegenwart, Berlin 1938.

Pelizaeus 2018
Ludolf Pelizaeus: Narrative der Träger. Die Konstruktionen von Hierarchien in Amerika von der Conquista bis in das 19. Jahrhundert in deutschsprachigen Quellen, in: Der Träger. Zu einer »tragenden« Figur der Kolonialgeschichte, hrsg. v. Sonja Malzner, Anne D. Peiter, Bielefeld 2018, S. 69–109.

Peters 1986
Winfried Peters: Der Goldhandel und Goldbergbau im 15. bis 18. Jahrhundert an der Goldküste (Ghana) und die Aktivitäten der Brandenburg-Preußen, in: Zeitschrift der Förderer des Bergbaus und des Hüttenwesens an der Technischen Universität Berlin e.V. 20 (1986), S. 1–19.

Pieken/Kruse 2012
Gorch Pieken, Cornelia Kruse: Preußisches Liebesglück. Eine deutsche Familie aus Afrika, 2. Aufl., Berlin 2012.

Poeschel 1985
Sabine Poeschel: Studien zur Ikonographie der Erdteile in der Kunst des 16.–18. Jahrhunderts, München 1985.

Polaschegg 2005
Andrea Polaschegg: Der andere Orientalismus. Regeln deutschmorgenländischer Imagination im 19. Jahrhundert, Berlin 2005.

Polaschegg 2007
Andrea Polaschegg: Von chinesischen Teehäusern zu hebräischen Melodien. Parameter zu einer Gebrauchsgeschichte des deutschen Orientalismus, in: Orientdiskurse in der deutschen Literatur, hrsg. v. Klaus-Michael Bogdal, Bielefeld 2007, S. 49–80.

Preußische Wehr-Zeitung 1851
Preußische Wehr-Zeitung, Nr. 278, 17. 4. 1851.

R

Racknitz 1796–1799
Joseph Friedrich Freiherr von Racknitz: O-Tahitischer Geschmack, in: Joseph Friedrich Freiherr von Racknitz: Darstellung und Geschichte des Geschmacks der vorzüglichsten Völker, in Beziehung auf die innere Auszierung der Zimmer und auf die Baukunst, H. 2, Leipzig 1796–1799, S. 1–20.

Raphael-Hernandez/ Wiegmink 2017
Heike Raphael-Hernandez, Pia Wiegmink: German entanglements in transatlantic slavery. An introduction, in: Atlantic Studies 14 (2017), S. 419–435, URL:10.1080/1 4788810.2017.1366009 (3. 1. 2023).

Rave 1940a
Paul Ortwin Rave: Das Ordenspalais, in: Zeitschrift des Vereins für die Geschichte Berlins. Neue Folge der Mitteilungen 57 (1940), S. 1–10.

Rave 1940b
Paul Ortwin Rave: Karl Blechen. Leben. Würdigung. Werk, Berlin 1940.

Raveaux 2020
Olivier Raveux: Mediterranean red coral. A European merchandise of the first globalization, Encyclopédie d'histoire numérique de l'Europe, 2020, URL: https://ehne.fr/ en/node/12239 (3. 12. 2022).

Ravichandran 2012
Samikkannu Ravichandran: The dutch trade on the pearl fishery coast, in: Proceedings of the Indian History Congress 73 (2012), S. 318–326.

Ripa 1603
Cesare Ripa: Iconologia overo descrittione di diverse imagini cavate dall' antichità, e di propria inventione, Rom 1603.

S

Sachse/Rohde 1984
Rudolf Sachse, Georg Rohde: Der Grottensaal im Neuen Palais, Potsdam 1984.

Sachse/Rohde 2000
Rudolf Sachse, Georg Rohde: Von der Höhle zum Grottensaal, Großenhain 2000.

Said 1978
Edward W. Said: Orientalism, New York 1978.

Said 1995
Edward W. Said: Orientalism. Western Conceptions of the Orient. With a new afterword, London 1995.

Salzmann 1772
Friedrich Zacharias Salzmann: Erklärung eines in Kupfer gestochenen Haupt-Plans von Sans-Souci, und Neuen Palais, wie auch allen dazu gehörigen Gebäuden und Garten-Partien / welcher [...] aufgenommen und gezeichnet worden durch F. Z. Salzmann, Potsdam [1772].

Schadow 1849
Johann Gottfried Schadow: Kunst-Werke und Kunst-Ansichten, Berlin 1849.

Schaper 2018
Rüdiger Schaper: Alexander von Humboldt. Der Preuße und die neuen Welten, München 2018.

Schilling 2014
Ruth Schilling: Wandel durch Annäherung? Französisch-siamesische Audienzen 1684–1686, in: Die Audienz. Ritualisierter Kulturkontakt in der frühen Neuzeit, hrsg. v. Peter Burschel, Christine Vogel, Köln/Weimar/Wien 2014, S. 247–264.

Schmidt 1893
Ferdinand Schmidt: Kaiser Wilhelm I. und seine Zeit. Ein deutsches Volksbuch, Berlin 1893.

Schmidt 1914
Robert Schmidt: Brandenburgische Gläser, Berlin 1914.

Schneider 1718
Daniel Schneider: Preussisch Brandenburgische Geschichte, in: Daniel Schneider: Theatrum Europaeum, Bd. 17, Frankfurt am Main 1718.

Schück 1889
Richard Schück: Brandenburg-Preussens Kolonial-Politik unter dem Großen Kurfürsten und seinen Nachfolgern (1647–1721), 2. Teil, Leipzig 1889.

Segelken 2009
Barbara Segelken: Bilder eines Staates. Kammer, Kasten und Tafel als Visualisierungen staatlicher Zusammenhänge, Berlin 2009.

Seidel 1911
Paul Seidel: Die Kinderbildnisse Friedrichs des Großen und seiner Brüder, in: Hohenzollern-Jahrbuch 15 (1911), S. 20–35.

Seiler 1989
Michael Seiler: Das Palmenhaus auf der Pfaueninsel. Geschichte seiner baulichen und gärtnerischen Gestaltung, Berlin 1989.

Senn 2013
Rolf Thomas Senn: In Arkadien. Friedrich Wilhelm IV. von Preußen. Eine biographische Landvermessung, Berlin 2013.

Sievers 1928
Johannes Sievers: Das Palais des Prinzen Karl von Preußen erbaut von K. F. Schinkel, Berlin 1928.

Sievers 1942
Johannes Sievers: Bauten für den Prinzen Karl von Preußen, Berlin 1942.

Sinanan 2020
Kerry Sinanan: Slavery and Glass. Tropes of ›Race‹ and Reflection, in: In Sparkling Company. Reflections on Glass in the 18th-century British World, hrsg. v. Christopher L. Maxwell, New York 2020, S. 69–87.

Song 2014
Tae-Hyeon Song: Voltaire's View of Confucius, 2014, URL: https://www.globethics.net/pdfs/CNKI/CJFD/WLXY201403003.pdf (15.11.2022), S. 20–27.

Souchal 1962
Geneviève Souchal: Le mobilier Français au XVIII siècle, Paris 1962.

Spicer 2013
Joaneath Spicer: European Perceptions of Blackness as Reflected in the visual Arts, in: Revealing the African presence in renaissance Europe, hrsg. v. Joaneath Spicer, Baltimore 2013, S. 35–59.

Spohr 2019
Arne Spohr: »Mohr und Trompeter«. Blackness and Social Status in Early Modern Germany, in: Journal of the American Musicological Society 72 (2019), S. 612–663, URL: https://doi.org/10.1525/jams.2019.72.3.613 (3.1.2023).

Standen 1976
Edith Standen: The Story of the Emperor of China. A Beauvais Tapestry Series, in: Metropolitan Museum Journal 11 (1976), S. 103–117.

Stichel 1990/91
Rudolf Stichel: Das Bremer Album und seine Stellung innerhalb der orientalischen Trachtenbücher, in: Das Kostümbuch des Lambert des Vos. Faksimile des Codex Ms.or.9 aus der Staats- und Universitätsbibliothek Bremen, hrsg. v. Hans Albrecht Koch, Graz 1990/91, S. 31–54.

Stoffregen-Büller 2019
Michael Stoffregen-Büller: Der Sandwich-Insulaner. Von Polynesien auf Preußens Pfaueninsel, Berlin 2019.

Suden 2013
Marina thom Suden: Schlösser in Berlin und Brandenburg und ihre bildliche Ausstattung im 18. Jahrhundert, Petersberg 2013.

T

Tack 1993
Peter Tack: Zur Rezeption friderizianischer Rokokochinoiserien, in: Das Chinesische Haus im Park von Sanssouci, hrsg. v. der Stiftung Schlösser und Gärten Potsdam-Sanssouci, Berlin 1993, S. 44–49.

Theilig 2013
Stephan Theilig: Türken, Mohren und Tataren. Muslimische (Lebens-)Welten in Brandenburg-Preußen im 18. Jahrhundert, Berlin 2013.

Thimann 1999
Michael Thimann: IV. Raum 95 – Porzellankabinett, in: Ausst.-Kat. Berlin 1999, S. 326–327.

V

Vail 2001
Jeffery W. Vail: The literary relationship of Lord Byron & Thomas Moore, Baltimore 2001.

Van der Heyden 1993
Ulrich van der Heyden: Roter Adler an Afrikas Küste. Die brandenburgisch-preußische Kolonie Großfriedrichsburg an der westafrikanischen Küste, Berlin 1993.

Van der Heyden 2008
Ulrich van der Heyden: Auf Afrikas Spuren in Berlin. Die Mohrenstraße und andere koloniale Erblasten, Bristol u. a. 2008.

Van der Heyden/Becher 2022
Ulrich van der Heyden, Jürgen Becher: Wie die »Spitze des Kilimanjaros« ins Neue Palais von Potsdam gelangte, in: Museum Aktuell 283/284 (2022), S. 16–21.

W

Warsh 2018
Molly A. Warsh: American Baroque. Pearls and the Nature of Empire 1492–1700, Chapel Hill 2018.

Weber 2021
Julia Weber: Plastik. Budai, 2021, URL: https://skd-online-collection.skd.museum/Details/Index/123010 (1.12.2022).

Weindl 2001
Andrea Weindl: Die Kurbrandenburger im ›atlantischen System‹, 1650–1720, in: Arbeitspapiere zur Lateinamerikaforschung, II-03, hrsg. v. Christian Wentzlaff-Eggebert, Martin Traine, Universität zu Köln 2001.

Werner 1992
Brigitta Werner: Otahitische Hütten und Kabinette. Ein Beitrag zum Exotismus in der bildenden Kunst des 18. Jahrhunderts, in: Die Gartenkunst 4 (1992), S. 289–306.

Wiesinger 1995
Liselotte Wiesinger: Die Deckenmalereien Augustin Terwestens im Schloß Charlottenburg und im Berliner Schloss, in: Ausst.-Kat. Berlin 1995, S. 69–92.

Wilhelm 2005
Karin Wilhelm: Potsdamer Universalgeschichte. Sanssouci und das Chinesische Haus Friedrichs II., in: Zeitschrift für Religions- und Geistesgeschichte 57 (2005), S. 193–208.

Will 1996
Sandra Will: Kannibalismus – Ein europäischer Topos zur Konquistazeit in Südamerika, in: Die Anderen. Indianer in Lateinamerika, hrsg. v. Heinz Schlüter, Frankfurt am Main 1996, S. 39–69.

Windt 2000
Franziska Windt: Jean II. Barraband. Bildteppich. Die Audienz beim Kaiser von China, Potsdam 2000 (= Patrimonia, 182).

Windt 2009
Franziska Windt: Künstlerische Inszenierung von Größe. Friedrichs Selbstdarstellung im Neuen Palais, 2009, URL: https://perspectivia.net/publikationen/friedrich300-colloquien/friedrich-groesse/windt_inszenierung (1.1.2023).

Winterfeld 1859
Adolf Wilhelm Ernst von Winterfeld: Geschichte des Ritterlichen Ordens St. Johannis von Spital zu Jerusalem mit besonderer Berücksichtigung der Ballei Brandenburg oder des Herrenmeisterthums Sonnenburg, Berlin 1859.

Wittwer 2004
Samuel Wittwer: Fragile splendour and political representation. Baroque porcelain rooms in Prussia and Saxony as meaningful treasures, in: The International Ceramics Fair and Seminar 10.–13.6.2004, London 2004, S. 36–44, URL: https://static1.squarespace.com/static/58dbc83f893fc01cfcc43356/t/58ecf6dde6f2e1748bf709d9/1491924704001/icfs2004-baroque-porcelain-rooms-in-prussia-and-saxony.pdf (1.1.2023).

Wittwer 2005
Samuel Wittwer: Ein Spiel zwischen Schein und Sein. Die Porzellankammer von Schloss Charlottenburg im Wandel, in: Jahrbuch Stiftung Preußische Schlösser und Gärten Berlin-Brandenburg 7 (2005), S. 83–93.

Wittwer 2019
Samuel Wittwer: Glastulpen, persische Vasen und maurischer Brokat aus Berlin. Die Orientreise des Prinzen Albrecht von Preußen 1843 und ihre Folgen, hrsg. v. Freunde der Preußischen Schlösser und Gärten e.V., Berlin 2019.

Wolf 2016
Andrea Wolf: Alexander von Humboldt und die Erfindung der Natur, 2. Aufl., München 2016.

Y

Yancy 2005
George Yancy: Whiteness and the Return of the Black Body, in: The Journal of Speculative Philosophy, New Series 19 (2005), S. 215–241.

Yentsch 1995
Anne Yentsch: Beads as Silent Witnesses of an African-American Past. Social Identity and the Artifacts of Slavery in Annapolis, Maryland, in: Kroeber Anthropological Society Papers 79 (1995), S. 44–60.

Z

Zantop 1999
Susanne M. Zantop: Kolonialphantasien im vorkolonialen Deutschland (1770–1870), Berlin 1999 (= Philologische Studien und Quellen, 158).

Zaugg 2018
Roberto Zaugg: Grossfriedrichsburg. The first German Colony in Africa? Brandenburg-Prussia, Atlantic Entanglements and National Memory, in: Shadows of Empire in West Africa. New Perspectives on European Fortifications, hrsg. v. John Kwadwo Osei-Tutu, Victoria Ellen Smith, Cham 2018, S. 33–73.

Zenkert 2011
Arnold Zenkert: Bildende Kunst und Astronomie, in: Astronomie und Raumfahrt im Unterricht, 123/124, 2011, S. 53–54.

Ziegler 2010
Hendrik Ziegler: Der Sonnenkönig und seine Feinde. Die Bildpropaganda Ludwigs XIV. in der Kritik, Petersberg 2010.

Archive

EZAB, KB
Evangelisches Zentralarchiv in Berlin, Kirchenbücher

GStA PK
Geheimes Staatsarchiv Preußischer Kulturbesitz

LATh–HStA Weimar
Landesarchiv Thüringen – Hauptstaatsarchiv Weimar

LATh–StA Gotha
Landesarchiv Thüringen – Staatsarchiv Gotha

Impressum

Diese Publikation erscheint anlässlich der Ausstellung

Schlösser. Preußen. Kolonial. Biografien und Sammlungen im Fokus

Stiftung Preußische Schlösser und Gärten Berlin-Brandenburg

Berlin, Schloss Charlottenburg
4. Juli bis 31. Oktober 2023

© 2023
Stiftung Preußische Schlösser und Gärten Berlin-Brandenburg, Sandstein Verlag und die Autor:innen

Herausgeber:
Generaldirektion der Stiftung Preußische Schlösser und Gärten Berlin-Brandenburg

Generaldirektor:
Prof. Dr. Christoph Martin Vogtherr

Konzept:
Carolin Alff, Susanne Evers, Hatem Hegab

Redaktion:
Susanne Evers, Carolin Alff, Sylva van der Heyden

Bildredaktion:
Susanne Evers, Constantijn Johannes Leliveld

Bildbeschaffung:
Constantijn Johannes Leliveld, Marla Stach

Autor:innen:
Valerie Asiimwe Amani, Carolin Alff, Alexandra Bauer, Jürgen Becher, Susanne Evers, Stefan Gehlen, Hatem Hegab, Sylva van der Heyden, Silke Kiesant, Constantijn Johannes Leliveld, Oduor Obura, Michaela Völkel, Verena Wasmuth, Franziska Windt, Samuel Wittwer

Lektorat:
Sina Volk, Sandstein Verlag

Gestaltung:
Joachim Steuerer, Sandstein Verlag

Satz und Reprografie:
Katharina Stark, Jana Neumann, Sandstein Verlag

Druck und Verarbeitung:
FINIDR s.r.o., Český Těšín

Schrift:
MetaPro, JL Joseleen

Papier:
Munken Polar rough

Die Deutsche Nationalbibliothek verzeichnet diese Publikation in der Deutschen Nationalbibliografie; detaillierte bibliografische Daten sind im Internet über http://dnb.dnb.de abrufbar.

Dieses Werk einschließlich seiner Teile ist urheberrechtlich geschützt. Jede Verwertung außerhalb der engen Grenzen des Urheberrechtsgesetzes ist ohne Zustimmung des Verlages unzulässig und strafbar. Das gilt insbesondere für die Vervielfältigung, Übersetzungen, Mikroverfilmungen und die Einspeicherung und Verarbeitung in elektronischen Systemen.

ISBN 978-3-95498-737-5
www.sandstein-verlag.de

Bildnachweis

Bildarchiv Foto Marburg / Stiftung Preußische Schlösser und Gärten Berlin-Brandenburg / Andreas Lechtape (CbDD): S. 18, 25, 26, 44

Dorotheum Wien: S. 97

Germanisches Nationalmuseum, Nürnberg, G. Janßen: S. 82

Johannes Sievers, Bauten für den Prinzen Karl von Preußen, Berlin 1942, S. 253, Abb. 238: S. 32

Kupferstichkabinett. Staatliche Museen zu Berlin: S. 105

Roy Miles Fine Paintings / Bridgeman Images: S. 96

SPSG, Jörg P. Anders: S. 2, 90, 105; SPSG, Hans Bach: S. 102; SPSG, P.-M. Bauers: S. 12, 14, 36, 37; SPSG, Nadine Conrad: S. 24; SPSG, Roland Handrick: S. 112, 135, 149; SPSG, Silke Kiesant: S. 11, 48; SPSG, Hans Christian Krass: S. 124, 125; SPSG, Yann Le Gall: S. 153, 155, 156; SPSG, Daniel Lindner: S. 30, 31, 38, 62, 74, 76, 98, 142, 143; SPSG, Gerhard Murza: 68; SPSG, Wolfgang Pfauder: S. 42, 47, 49, 50, 81, 97, 104, 120, 121, 130, 136, 148, 154; SPSG, Reinhardt & Sommer: S. 55; SPSG, Leo Seidel: S. 23

Staatliche Museen zu Berlin, Museum für Vor- und Frühgeschichte, Foto: Daniel Lindner: S. 53, 56, 57

Umschlag:
Antoine Pesne und Jean-Baptiste Gayot Dubuisson (?)
Friedrich Wilhelm Prinz von Preußen (1710–1711) im Gartenwagen mit Schwarzem Diener, 1711
SPSG, GK I 3424 | siehe Kapitel 11

Frontispiz:
Franz Krüger
Parade Unter den Linden, 1839
SPSG, GK I 505 | siehe Kapitel 16

GEFÖRDERT DURCH

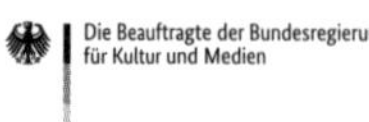
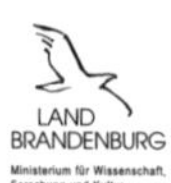
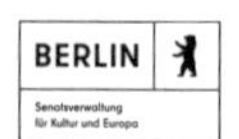
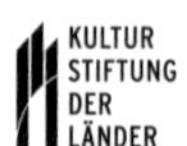
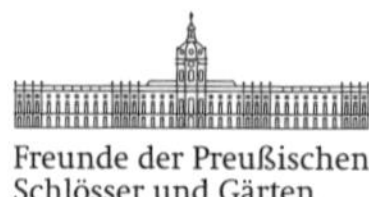

Freunde der Preußischen Schlösser und Gärten

MEDIENPARTNER

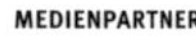
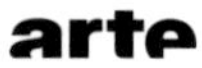
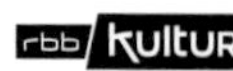
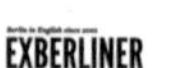
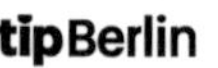
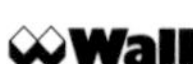